Umwelt

2025

Name ....

Vorname ....

Straße ....

Ort ....

Telefon ....

E-Mail ....

Unter Mitarbeit und mit Beiträgen von:

Esteve Franquesa, Berlin
Gerd Ganteför, Kreuzlingen
Jana Julia Harms, Ulm
Kathrin Harms, Berlin
Volker Harms, Lindhöft
Nicole Lamers, München
Harald Lesch, München
Bernd Ludermann, Frankfurt
missio magazin, München
Gerhard Mester, Wiesbaden
Olaf Neumann, Oberursel
Katharina Nickoleit, Wuppertal
Liane Pielke-Harms, Lindhöft
Maren Preiß, Oberursel
Publik-Forum, Oberursel
Rettet den Regenwald, Hamburg
Sirnone Schlindwein, Uganda
welt-sichten, Frankfurt

Produktinformation:

Der Text ist auf Recyclingpapier gedruckt, das zu 100 Prozent aus Altpapier hergestellt wurde und mit dem blauen Engel ausgezeichnet wurde.

Die Druckfarben (Ökoplus-Serie der Firma Epple) wurden auf pflanzlicher Basis hergestellt.

Der Umschlag ist mit einer umweltfreundlichen Schutzfolie aus Polyethylen überzogen, die keine Chloratome enthält und deshalb beim eventuellen Verbrennen keine Dioxine entstehen lässt.

Alle Angaben wurden sorgfältig recherchiert, Verlag und Autoren können für die Richtigkeit und Vollständigkeit jedoch keine Haftung übernehmen.
Druck: AZ Druck und Datentechnik GmbH, Kempten

Zuschriften, Anregungen und Kritik für den *Umwelt 2026* bitte bis zum 30.4.2025 an info@harms-verlag.de
Internet: www.harms-verlag.de; E-Mail: info@harms-verlag.de

ISBN 978-3-86026-314-3

Inhaltsverzeichnis

Kalender 2024

Januar

Mo	1	8	15	22	29
Di	2	9	16	23	30
Mi	3	10	17	24	31
Do	4	11	18	25	
Fr	5	12	19	26	
Sa	6	13	20	27	
So	7	14	21	28	
Wo	01	02	03	04	05

Februar

Mo		5	12	19	26
Di		6	13	20	27
Mi		7	14	21	28
Do	1	8	15	22	29
Fr	2	9	16	23	
Sa	3	10	17	24	
So	4	11	18	25	
Wo	05	06	07	08	09

März

Mo		4	11	18	25
Di		5	12	19	26
Mi		6	13	20	27
Do		7	14	21	28
Fr	1	8	15	22	29
Sa	2	9	16	23	30
So	3	10	17	24	31
Wo	09	10	11	12	13

April

Mo	1	8	15	22	29
Di	2	9	16	23	30
Mi	3	10	17	24	
Do	4	11	18	25	
Fr	5	12	19	26	
Sa	6	13	20	27	
So	7	14	21	28	
Wo	14	15	16	17	18

Mai

Mo		6	13	20	27
Di		7	14	21	28
Mi	1	8	15	22	29
Do	2	9	16	23	30
Fr	3	10	17	24	31
Sa	4	11	18	25	
So	5	12	19	26	
Wo	18	19	20	21	22

Juni

Mo		3	10	17	24
Di		4	11	18	25
Mi		5	12	19	26
Do		6	13	20	27
Fr		7	14	21	28
Sa	1	8	15	22	29
So	2	9	16	23	30
Wo	22	23	24	25	26

Juli

Mo	1	8	15	22	29
Di	2	9	16	23	30
Mi	3	10	17	24	31
Do	4	11	18	25	
Fr	5	12	19	26	
Sa	6	13	20	27	
So	7	14	21	28	
Wo	27	28	29	30	31

August

Mo		5	12	19	26
Di		6	13	20	27
Mi		7	14	21	28
Do	1	8	15	22	29
Fr	2	9	16	23	30
Sa	3	10	17	24	31
So	4	11	18	25	
Wo	31	32	33	34	35

September

Mo		2	9	16	23	30
Di		3	10	17	24	
Mi		4	11	18	25	
Do		5	12	19	26	
Fr		6	13	20	27	
Sa		7	14	21	28	
So	1	8	15	22	29	
Wo	35	36	37	38	39	40

Oktober

Mo		7	14	21	28
Di	1	8	15	22	29
Mi	2	9	16	23	30
Do	3	10	17	24	31
Fr	4	11	18	25	
Sa	5	12	19	26	
So	6	13	20	27	
Wo	40	41	42	43	44

November

Mo		4	11	18	25
Di		5	12	19	26
Mi		6	13	20	27
Do		7	14	21	28
Fr	1	8	15	22	29
Sa	2	9	16	23	30
So	3	10	17	24	
Wo	44	45	46	47	48

Dezember

Mo		2	9	16	23	30
Di		3	10	17	24	31
Mi		4	11	18	25	
Do		5	12	19	26	
Fr		6	13	20	27	
Sa		7	14	21	28	
So	1	8	15	22	29	
Wo	48	49	50	51	52	01

Kalender 2025

Januar

Mo		6	13	20	27
Di		7	14	21	28
Mi	1	8	15	22	29
Do	2	9	16	23	30
Fr	3	10	17	24	31
Sa	4	11	18	25	
So	5	12	19	26	
Wo	01	02	03	04	05

Februar

Mo		3	10	17	24
Di		4	11	18	25
Mi		5	12	19	26
Do		6	13	20	27
Fr		7	14	21	28
Sa	1	8	15	22	
So	2	9	16	23	
Wo	05	06	07	08	09

März

Mo		3	10	17	24	31
Di		4	11	18	25	
Mi		5	12	19	26	
Do		6	13	20	27	
Fr		7	14	21	28	
Sa	1	8	15	22	29	
So	2	9	16	23	30	
Wo	09	10	11	12	13	14

April

Mo		7	14	21	28
Di	1	8	15	22	29
Mi	2	9	16	23	30
Do	3	10	17	24	
Fr	4	11	18	25	
Sa	5	12	19	26	
So	6	13	20	27	
Wo	14	15	16	17	18

Mai

Mo		5	12	19	26
Di		6	13	20	27
Mi		7	14	21	28
Do	1	8	15	22	29
Fr	2	9	16	23	30
Sa	3	10	17	24	31
So	4	11	18	25	
Wo	18	19	20	21	22

Juni

Mo		2	9	16	23	30
Di		3	10	17	24	
Mi		4	11	18	25	
Do		5	12	19	26	
Fr		6	13	20	27	
Sa		7	14	21	28	
So	1	8	15	22	29	
Wo	22	23	24	25	26	27

Juli

Mo		7	14	21	28
Di	1	8	15	22	29
Mi	2	9	16	23	30
Do	3	10	17	24	31
Fr	4	11	18	25	
Sa	5	12	19	26	
So	6	13	20	27	
Wo	27	28	29	30	31

August

Mo		4	11	18	25
Di		5	12	19	26
Mi		6	13	20	27
Do		7	14	21	28
Fr	1	8	15	22	29
Sa	2	9	16	23	30
So	3	10	17	24	31
Wo	31	32	33	34	35

September

Mo	1	8	15	22	29
Di	2	9	16	23	30
Mi	3	10	17	24	
Do	4	11	18	25	
Fr	5	12	19	26	
Sa	6	13	20	27	
So	7	14	21	28	
Wo	36	37	38	39	40

Oktober

Mo		6	13	20	27
Di		7	14	21	28
Mi	1	8	15	22	29
Do	2	9	16	23	30
Fr	3	10	17	24	31
Sa	4	11	18	25	
So	5	12	19	26	
Wo	40	41	42	43	44

November

Mo		3	10	17	24
Di		4	11	18	25
Mi		5	12	19	26
Do		6	13	20	27
Fr		7	14	21	28
Sa	1	8	15	22	29
So	2	9	16	23	30
Wo	44	45	46	47	48

Dezember

Mo	1	8	15	22	29
Di	2	9	16	23	30
Mi	3	10	17	24	31
Do	4	11	18	25	
Fr	5	12	19	26	
Sa	6	13	20	27	
So	7	14	21	28	
Wo	49	50	51	52	01

Januar

Mo		5	12	19	26
Di		6	13	20	27
Mi		7	14	21	28
Do	1	8	15	22	29
Fr	2	9	16	23	30
Sa	3	10	17	24	31
So	4	11	18	25	
Wo	01	02	03	04	05

Februar

Mo		2	9	16	23
Di		3	10	17	24
Mi		4	11	18	25
Do		5	12	19	26
Fr		6	13	20	27
Sa		7	14	21	28
So	1	8	15	22	
Wo	05	06	07	08	09

März

Mo		2	9	16	23	30
Di		3	10	17	24	31
Mi		4	11	18	25	
Do		5	12	19	26	
Fr		6	13	20	27	
Sa		7	14	21	28	
So	1	8	15	22	29	
Wo	09	10	11	12	13	14

April

Mo		6	13	20	27
Di		7	14	21	28
Mi	1	8	15	22	29
Do	2	9	16	23	30
Fr	3	10	17	24	
Sa	4	11	18	25	
So	5	12	19	26	
Wo	14	15	16	17	18

Mai

Mo		4	11	18	25
Di		5	12	19	26
Mi		6	13	20	27
Do		7	14	21	28
Fr	1	8	15	22	29
Sa	2	9	16	23	30
So	3	10	17	24	31
Wo	18	19	20	21	22

Juni

Mo	1	8	15	22	29
Di	2	9	16	23	30
Mi	3	10	17	24	
Do	4	11	18	25	
Fr	5	12	19	26	
Sa	6	13	20	27	
So	7	14	21	28	
Wo	23	24	25	26	27

Juli

Mo		6	13	20	27
Di		7	14	21	28
Mi	1	8	15	22	29
Do	2	9	16	23	30
Fr	3	10	17	24	31
Sa	4	11	18	25	
So	5	12	19	26	
Wo	27	28	29	30	31

August

Mo		3	10	17	24	31
Di		4	11	18	25	
Mi		5	12	19	26	
Do		6	13	20	27	
Fr		7	14	21	28	
Sa	1	8	15	22	29	
So	2	9	16	23	30	
Wo	31	32	33	34	35	36

September

Mo		7	14	21	28
Di	1	8	15	22	29
Mi	2	9	16	23	30
Do	3	10	17	24	
Fr	4	11	18	25	
Sa	5	12	19	26	
So	6	13	20	27	
Wo	36	37	38	39	40

Oktober

Mo		5	12	19	26
Di		6	13	20	27
Mi		7	14	21	28
Do	1	8	15	22	29
Fr	2	9	16	23	30
Sa	3	10	17	24	31
So	4	11	18	25	
Wo	40	41	42	43	44

November

Mo		2	9	16	23	30
Di		3	10	17	24	
Mi		4	11	18	25	
Do		5	12	19	26	
Fr		6	13	20	27	
Sa		7	14	21	28	
So	1	8	15	22	29	
Wo	44	45	46	47	48	49

Dezember

Mo		7	14	21	28
Di	1	8	15	22	29
Mi	2	9	16	23	30
Do	3	10	17	24	31
Fr	4	11	18	25	
Sa	5	12	19	26	
So	6	13	20	27	
Wo	49	50	51	52	52

Die beweglichen Feste

	2024	2025	2026	2027	2028
Ostersonntag	31.03.	20.04.	05.04.	28.03.	16.04.
Christi Himmelfahrt	09.05.	29.05.	14.05.	06.05.	25.05.
Pfingstsonntag	19.05.	08.06.	24.05.	16.05.	04.06.
Fronleichnam	30.05.	19.06.	04.06.	27.05.	15.06.
Buß- und Bettag	20.11.	19.11.	18.11.	17.11.	22.11.
1. Advent	01.12.	30.11.	29.11.	28.11.	03.12.
Heiligabend	Di	Mi	Do	Fr	So

Gesetzliche Feiertage in Deutschland im Jahre 2025

1.1.: Neujahr, 6.1.: Heilige Drei Könige (Baden-Württemberg, Bayern, Sachsen-Anhalt), 18.4.: Karfreitag, 21.4.: Ostermontag, 1.5.: Tag der Arbeit, 29.5.: Christi Himmelfahrt, 9.6.: Pfingstmontag, 19.6.: Fronleichnam (Baden-Württemberg, Bayern, Hessen, Nordrhein-Westfalen, Rheinland-Pfalz, Saarland, Sachsen teilw., Thüringen teilw.), 15.8.: Mariä Himmelfahrt (Bayern teilw., Saarland), 3.10.: Tag der Deutschen Einheit, 31.10.: Reformationstag (Brandenburg, Hamburg, Mecklenburg-Vorpommern, Niederachsen, Sachsen, Sachsen-Anhalt, Schleswig-Holstein, Thüringen), 1.11.: Allerheiligen (Baden-Württemberg, Bayern, Nordrhein-Westfalen, Rheinland-Pfalz, Saarland), 19.11.: Buß- und Bettag (Sachsen), 25. u. 26.12.: Weihnachten.

Schulferien 2025

Deutschland	Weihn.24/25	Winter 2025	Ostern 2025	Pfingsten 2025
Baden-Württ.	23.12.-04.01.	–	14.04.-26.04.	10.06.-20.06.
Bayern	23.12.-03.01.	03.03.-07.03	14.04.-25.04.	10.06.-20.06.
Berlin	23.12.-31.12.	03.02.-08.02.	14.04.-25.04.	10.06.
Brandenburg	23.12.-31.12.	03.02.-08.02.	14.04.-25.04.	10.06.
Bremen	23.12.-04.01.	03.02.-04.02.	07.04.-19.04.	10.06.
Hamburg	20.12.-03.01.	31.01.	10.03.-21.03.	21.5.-30.05.
Hessen	23.12.-10.01.	–	07.04.-21.04.	–
Mecklenb.-Vorp.	23.12.-06.01.	03.02.-14.02.	14.04.-23.04.	06.06.-10.06.
Niedersachsen	23.12.-04.01.	03.02.-04.02.	07.04.-19.04.	10.06.
Nordrhein-Westf.	23.12.-06.01.	–	14.04.-26.04.	10.06.
Rheinland-Pfalz	23.12.-08.01.	–	14.04.-25.04.	–
Saarland	23.12.-03.01.	24.02.-04.03.	14.04.-25.04.	–
Sachsen	23.12.-03.01.	17.02.-01.03.	18.04.-25.04.	–
Sachsen-Anhalt	23.12.-04.01.	27.01.-31.01.	07.04.-19.04.	30.05.
Schleswig-Holst.	19.12.-07.01.	–	11.04.-25.04.	30.05
Thüringen	23.12.-03.01.	03.02.-08.02.	07.04.-19.04.	30.05.

Deutschland	Sommer 2025	Herbst 2025	Weihn. 25/26	Winter 2026
Baden-Württ.	31.07.-13.09.	27.10.-31.10.	22.12.-05.01.	–
Bayern	01.08.-15.09.	03.-07.11.,19.11.	22.12.-05.01.	16.02.-20.02.
Berlin	24.07.-06.09.	20.10.-01.11.	22.12.-02.01.	02.02.-07.02.
Brandenburg	24.07.-06.09.	20.10.-01.11.	22.12.-02.01.	02.02.-07.02.
Bremen	03.07.-13.08.	13.10.-25.10.	22.12.-05.01.	02.02.-03.02.
Hamburg	24.07.-03.09.	20.10.-31.10.	17.12.-02.01.	30.01.
Hessen	07.07.-15.08.	06.10.-18.10.	22.12.-10.01.	–
Mecklenb.-Vorp.	28.07.-06.09.	20.10.-25.10.	22.12.-05.01.	09.02.-20.02.
Niedersachsen	03.07.-13.08.	13.10.-25.10.	22.12.-05.01.	02.02.-03.02.
Nordrhein-Westf.	14.07.-26.08.	13.10.-25.10.	22.12.-06.01.	–
Rheinland-Pfalz	07.07.-15.08.	13.10.-24.10.	22.12.-07.01.	–
Saarland	07.07.-14.08.	13.10.-24.10.	22.12.-02.01.	16.02.-20.02.
Sachsen	28.06.-08.08.	06.10.-18.10.	22.12.-02.01.	09.02.-21.02.
Sachsen-Anhalt	28.07.-06.09.	13.10.-25.10.	22.12.-05.01.	31.01.-06.02.
Schleswig-Holst.	28.07.-06.09.	20.10.-30.10.	19.12.-06.01.	02.02.-03.02
Thüringen	28.06.-08.08.	06.10.-18.10.	22.12.-03.01.	16.02.-21.02.

Österreich	Semester 2025	Ostern 2025	Pfingsten 2025
Burgenland/Salzburg	10.02.-16.02.	12.04.-21.04.	07.06.-09.06.
Kärnten/Tirol/Vorarlberg	10.02.-16.02.	12.04.-21.04.	07.06.-09.06.
Niederösterreich, Wien	03.02.-09.02.	12.04.-21.04.	07.06.-09.06.
Oberösterreich, Steiermark	17.02.-23.02	12.04.-21.04.	07.06.-09.06.

Österreich	Sommer 2025	Herbst 2025	Weihn. 25/26
Burgenland/Niederösterr./Wien	28.06.-31.08.	27.10.-31.10.	24.12.-06.01.
restliche Bundesländer	05.07.-07.09.	28.10.-31.10.	24.12.-06.01.

Schweiz: Die Ferien sind von Gemeinde zu Gemeinde unterschiedlich.

Angegeben sind jeweils der erste und der letzte Ferientag. Gelegentlich werden die Ferien kurzfristig anders festgelegt, als nach der langfristigen Planung vorgesehen. Alle Angaben ohne Gewähr.

Vorwort

Wir träumen zwar davon zum Mars zu fliegen, doch nüchtern betrachtet wäre dies ein Ressourcen verschlingender Albtraum.

Wir haben keine zweite Erde. Diese eine Erde müssen wir mit zur Zeit acht Milliarden Menschen teilen, jedes Jahr kommen über 80 Millionen dazu, alle zwölf Jahre wächst die Erdbevölkerung um eine Milliarde Menschen. Jeder Mensch hat Anspruch auf Teilhabe, braucht Bildung, eine Ausbildung und einen Arbeitsplatz, jeder Mensch strebt nach Glück, braucht Nahrung und sehnt sich nach ein wenig Konsum. Jeder Mensch benötigt Energie Deshalb steigt der Energieverbrauch von Jahr zu Jahr.

Zur Zeit überfordert der Ressourcenverbrauch das, was die Erde uns zur Verfügung stellt, bereits um das Zwei- bis Dreifache. Je mehr Menschen zu ein wenig Wohlstand gelangen, desto mehr beanspruchen wir die knappen Ressourcen des Planeten.

Die Situation erscheint aussichtslos, doch Gefahr erkannt, Gefahr gebannt. Der Club of Rome hat 1972 mit seinem Buch *Die Grenzen des Wachstums* mit „wissenschaftlicher Präzision" aufgrund mathematischer Modelle vorausgesagt, dass die Ressourcen des Planeten zur Jahrtausendwende erschöpft wären, die Nahrungsmittel knapp würden und die Industrieproduktion stark schrumpfen würde. Wie wir wissen, ist nichts dergleichen eingetreten.

Was hat der *Club of Rome* übersehen? Er hat den Einfallsreichtum der Menschen außer Acht gelassen. Das ist die allerwichtigste Ressource auf diesem Planeten.

Ich denke, das gilt auch für die vielfältigen Probleme, die der Klimawandel uns aufbürdet. Wenn die Rezepte, die sich Regierung und EU-Kommission bisher haben einfallen lassen, sich nicht verwirklichen lassen, dann müssen wir uns etwas Neues einfallen lassen.

In diesem Sinne möchte ich das Buch von Prof. Ganteför *Plan B für das Klima – Mit den Kräften der Natur den Klimawandel bewältigen* propagieren.

Volker Harms

Dezember 2024

1	So	1. Advent	
2	Mo		49. Wo
3	Di		
4	Mi		
5	Do		
6	Fr	Nikolaustag	
7	Sa		
8	So	2. Advent	
9	Mo		50. Wo
10	Di		
11	Mi		
12	Do		
13	Fr		
14	Sa		
15	So	3. Advent	
16	Mo		51. Wo
17	Di		
18	Mi		
19	Do		
20	Fr		
21	Sa	Winteranfang	
22	So	4. Advent	
23	Mo		52.Wo
24	Di	Heiligabend	
25	Mi	1. Weihnachtstag	
26	Do	2. Weihnachtstag	
27	Fr		
28	Sa		
29	So		
30	Mo		1. Wo
31	Di	Silvester	

Januar 2025

1	Mi	Neujahr	1. Wo
2	Do		
3	Fr		
4	Sa		
5	So		
6	Mo	Heilige Drei Könige	2. Wo
7	Di		
8	Mi		
9	Do		
10	Fr		
11	Sa		
12	So		
13	Mo		3. Wo
14	Di		
15	Mi		
16	Do		
17	Fr		
18	Sa		
19	So		
20	Mo		4. Wo
21	Di		
22	Mi		
23	Do		
24	Fr		
25	Sa		
26	So		
27	Mo		5. Wo
28	Di		
29	Mi		
30	Do		
31	Fr		

Februar 2025

1	Sa	
2	So	
3	Mo	6. Wo
4	Di	
5	Mi	
6	Do	
7	Fr	
8	Sa	
9	So	
10	Mo	7. Wo
11	Di	
12	Mi	
13	Do	
14	Fr	
15	Sa	
16	So	
17	Mo	8. Wo
18	Di	
19	Mi	
20	Do	
21	Fr	
22	Sa	
23	So	
24	Mo	9. Wo
25	Di	
26	Mi	
27	Do	
28	Fr	

März 2025

1	Sa		
2	So		
3	Mo	Rosenmontag	10. Wo
4	Di	Fastnacht	
5	Mi	Aschermittwoch	
6	Do		
7	Fr		
8	Sa		
9	So		
10	Mo		11. Wo
11	Di		
12	Mi		
13	Do		
14	Fr		
15	Sa		
16	So		
17	Mo		12. Wo
18	Di		
19	Mi		
20	Do	Frühlingsanfang	
21	Fr		
22	Sa		
23	So		
24	Mo		13. Wo
25	Di		
26	Mi		
27	Do		
28	Fr		
29	Sa		
30	So	Beginn d. Sommerzeit	
31	Mo		14. Wo

April 2025

1	Di		
2	Mi		
3	Do		
4	Fr		
5	Sa		
6	So		
7	Mo		15. Wo
8	Di		
9	Mi		
10	Do		
11	Fr		
12	Sa		
13	So		
14	Mo		16. Wo
15	Di		
16	Mi		
17	Do		
18	Fr	Karfreitag	
19	Sa		
20	So	Ostersonntag	
21	Mo	Ostermontag	17. Wo
22	Di		
23	Mi		
24	Do		
25	Fr		
26	Sa		
27	So		
28	Mo		18. Wo
29	Di		
30	Mi		

Mai 2025

1	Do	Tag der Arbeit	
2	Fr		
3	Sa		
4	So		
5	Mo		19. Wo
6	Di		
7	Mi		
8	Do		
9	Fr		
10	Sa		
11	So		
12	Mo		20. Wo
13	Di		
14	Mi		
15	Do		
16	Fr		
17	Sa		
18	So		
19	Mo		21. Wo
20	Di		
21	Mi		
22	Do		
23	Fr		
24	Sa		
25	So		
26	Mo		22. Wo
27	Di		
28	Mi		
29	Do	Christi Himmelfahrt	
30	Fr		
31	Sa		

Juni 2025

1	So		
2	Mo		23. Wo
3	Di		
4	Mi		
5	Do		
6	Fr		
7	Sa		
8	So	Pfingstsonntag	
9	Mo	Pfingstmontag	24. Wo
10	Di		
11	Mi		
12	Do		
13	Fr		
14	Sa		
15	So		
16	Mo		25. Wo
17	Di		
18	Mi		
19	Do	Fronleichnam	
20	Fr		
21	Sa	Sommeranfang	
22	So		
23	Mo		26. Wo
24	Di		
25	Mi		
26	Do		
27	Fr		
28	Sa		
29	So		
30	Mo		27. Wo

Juli 2025

1	Di	
2	Mi	
3	Do	
4	Fr	
5	Sa	
6	So	
7	Mo	28. Wo
8	Di	
9	Mi	
10	Do	
11	Fr	
12	Sa	
13	So	
14	Mo	29. Wo
15	Di	
16	Mi	
17	Do	
18	Fr	
19	Sa	
20	So	
21	Mo	30. Wo
22	Di	
23	Mi	
24	Do	
25	Fr	
26	Sa	
27	So	
28	Mo	31. Wo
29	Di	
30	Mi	
31	Do	

August 2025

1	Fr	Bundesfeier (CH)	
2	Sa		
3	So		
4	Mo		32.Wo
5	Di		
6	Mi		
7	Do		
8	Fr		
9	Sa		
10	So		
11	Mo		33. Wo
12	Di		
13	Mi		
14	Do		
15	Fr	Mariä Himmelfahrt	
16	Sa		
17	So		
18	Mo		34. Wo
19	Di		
20	Mi		
21	Do		
22	Fr		
23	Sa		
24	So		
25	Mo		35. Wo
26	Di		
27	Mi		
28	Do		
29	Fr		
30	Sa		
31	So		

September 2025

1	Mo		36. Wo
2	Di		
3	Mi		
4	Do		
5	Fr		
6	Sa		
7	So		
8	Mo		37. Wo
9	Di		
10	Mi		
11	Do		
12	Fr		
13	Sa		
14	So		
15	Mo		38. Wo
16	Di		
17	Mi		
18	Do		
19	Fr		
20	Sa		
21	So		
22	Mo	Herbstanfang	39. Wo
23	Di		
24	Mi		
25	Do		
26	Fr		
27	Sa		
28	So		
29	Mo		40. Wo
30	Di		

Oktober 2025

1	Mi		
2	Do		
3	Fr	Tag der Deutschen Einheit	
4	Sa		
5	So		
6	Mo		41. Wo
7	Di		
8	Mi		
9	Do		
10	Fr		
11	Sa		
12	So		
13	Mo		42. Wo
14	Di		
15	Mi		
16	Do		
17	Fr		
18	Sa		
19	So		
20	Mo		43. Wo
21	Di		
22	Mi		
23	Do		
24	Fr		
25	Sa		
26	So	Nationalfeiert. (A), Ende der Sommerzeit	
27	Mo		44. Wo
28	Di		
29	Mi		
30	Do		
31	Fr	Reformationstag	

November 2025

1	Sa	Allerheiligen	
2	So		
3	Mo		45. Wo
4	Di		
5	Mi		
6	Do		
7	Fr		
8	Sa		
9	So		
10	Mo		46. Wo
11	Di		
12	Mi		
13	Do		
14	Fr		
15	Sa		
16	So	Volkstrauertag	
17	Mo		47. Wo
18	Di		
19	Mi	Buß- und Bettag	
20	Do		
21	Fr		
22	Sa		
23	So	Totensonntag	
24	Mo		48. Wo
25	Di		
26	Mi		
27	Do		
28	Fr		
29	Sa		
30	So	1. Advent	

Dezember 2025

1	Mo		49. Wo
2	Di		
3	Mi		
4	Do		
5	Fr		
6	Sa	Nikolaustag	
7	So	2. Advent	
8	Mo		50. Wo
9	Di		
10	Mi		
11	Do		
12	Fr		
13	Sa		
14	So	3. Advent	
15	Mo		51. Wo
16	Di		
17	Mi		
18	Do		
19	Fr		
20	Sa		
21	So	4. Advent, Winteranfang	
22	Mo		52. Wo
23	Di		
24	Mi	Heiligabend	
25	Do	1. Weihnachtstag	
26	Fr	2. Weihnachtstag	
27	Sa		
28	So		
29	Mo		1. Wo
30	Di		
31	Mi	Silvester	

Januar 2026

1	Do	Neujahr	1. Wo
2	Fr		
3	Sa		
4	So		
5	Mo		2. Wo
6	Di	Heilige Drei Könige	
7	Mi		
8	Do		
9	Fr		
10	Sa		
11	So		
12	Mo		3. Wo
13	Di		
14	Mi		
15	Do		
16	Fr		
17	Sa		
18	So		
19	Mo		4. Wo
20	Di		
21	Mi		
22	Do		
23	Fr		
24	Sa		
25	So		
26	Mo		5. Wo
27	Di		
28	Mi		
29	Do		
30	Fr		
31	Sa		

Februar 2026

1	So		
2	Mo		6. Wo
3	Di		
4	Mi		
5	Do		
6	Fr		
7	Sa		
8	So		
9	Mo		7. Wo
10	Di		
11	Mi		
12	Do		
13	Fr		
14	Sa		
15	So		
16	Mo	Rosenmontag	8. Wo
17	Di	Fastnacht	
18	Mi	Aschermittwoch	
19	Do		
20	Fr		
21	Sa		
22	So		
23	Mo		9. Wo
24	Di		
25	Mi		
26	Do		
27	Fr		
28	Sa		

März 2026

1	So		
2	Mo		10. Wo
3	Di		
4	Mi		
5	Do		
6	Fr		
7	Sa		
8	So		
9	Mo		11. Wo
10	Di		
11	Mi		
12	Do		
13	Fr		
14	Sa		
15	So		
16	Mo		12. Wo
17	Di		
18	Mi		
19	Do		
20	Fr	Frühlingsanfang	
21	Sa		
22	So		
23	Mo		13. Wo
24	Di		
25	Mi		
26	Do		
27	Fr		
28	Sa		
29	So	Beginn d. Sommerzeit	
30	Mo		14. Wo
31	Di		

April 2026

1	Mi		
2	Do		
3	Fr	Karfreitag	
4	Sa		
5	So	Ostersonntag	
6	Mo	Ostermontag	15. Wo
7	Di		
8	Mi		
9	Do		
10	Fr		
11	Sa		
12	So		
13	Mo		16.Wo
14	Di		
15	Mi		
16	Do		
17	Fr		
18	Sa		
19	So		
20	Mo		17. Wo
21	Di		
22	Mi		
23	Do		
24	Fr		
25	Sa		
26	So		
27	Mo		18. Wo
28	Di		
29	Mi		
30	Do		

Mai 2026

1	Fr	Tag der Arbeit	
2	Sa		
3	So		
4	Mo		19. Wo
5	Di		
6	Mi		
7	Do		
8	Fr		
9	Sa		
10	So		
11	Mo		20. Wo
12	Di		
13	Mi		
14	Do	Christi Himmelfahrt	
15	Fr		
16	Sa		
17	So		
18	Mo		21. Wo
19	Di		
20	Mi		
21	Do		
22	Fr		
23	Sa		
24	So	Pfingstsonntag	
25	Mo	Pfingstmontag	22. Wo
26	Di		
27	Mi		
28	Do		
29	Fr		
30	Sa		
31	So		

Juni 2026

1	Mo		23. Wo
2	Di		
3	Mi		
4	Do	Fronleichnam	
5	Fr		
6	Sa		
7	So		
8	Mo		24. Wo
9	Di		
10	Mi		
11	Do		
12	Fr		
13	Sa		
14	So		
15	Mo		25. Wo
16	Di		
17	Mi		
18	Do		
19	Fr		
20	Sa		
21	So	Sommeranfang	
22	Mo		26. Wo
23	Di		
24	Mi		
25	Do		
26	Fr		
27	Sa		
28	So		
29	Mo		27. Wo
30	Di		

Juli 2026

1	Mi		
2	Do		
3	Fr		
4	Sa		
5	So		
6	Mo		28. Wo
7	Di		
8	Mi		
9	Do		
10	Fr		
11	Sa		
12	So		
13	Mo		29. Wo
14	Di		
15	Mi		
16	Do		
17	Fr		
18	Sa		
19	So		
20	Mo		30. Wo
21	Di		
22	Mi		
23	Do		
24	Fr		
25	Sa		
26	So		
27	Mo		31. Wo
28	Di		
29	Mi		
30	Do		
31	Fr		

August 2026

1	Sa	Bundesfeier (CH)	
2	So		
3	Mo		32. Wo
4	Di		
5	Mi		
6	Do		
7	Fr		
8	Sa		
9	So		
10	Mo		33. Wo
11	Di		
12	Mi		
13	Do		
14	Fr		
15	Sa	Mariä Himmelfahrt	
16	So		
17	Mo		34. Wo
18	Di		
19	Mi		
20	Do		
21	Fr		
22	Sa		
23	So		
24	Mo		35. Wo
25	Di		
26	Mi		
27	Do		
28	Fr		
29	Sa		
30	So		
31	Mo		36. Wo

September 2026

1	Di		
2	Mi		
3	Do		
4	Fr		
5	Sa		
6	So		
7	Mo		37. Wo
8	Di		
9	Mi		
10	Do		
11	Fr		
12	Sa		
13	So		
14	Mo		38. Wo
15	Di		
16	Mi		
17	Do		
18	Fr		
19	Sa		
20	So		
21	Mo		39. Wo
22	Di		
23	Mi	Herbstanfang	
24	Do		
25	Fr		
26	Sa		
27	So		
28	Mo		40. Wo
29	Di		
30	Mi		

Oktober 2026

1	Do		
2	Fr		
3	Sa	Tag der Dt. Einheit	
4	So		
5	Mo		41. Wo
6	Di		
7	Mi		
8	Do		
9	Fr		
10	Sa		
11	So		
12	Mo		42. Wo
13	Di		
14	Mi		
15	Do		
16	Fr		
17	Sa		
18	So		
19	Mo		43. Wo
20	Di		
21	Mi		
22	Do		
23	Fr		
24	Sa		
25	So	Ende d. Sommerz.	
26	Mo	Nationalfeiert. (A)	44. Wo
27	Di		
28	Mi		
29	Do		
30	Fr		
31	Sa	Reformationstag	

November 2026

1	So	Allerheiligen	
2	Mo		45. Wo
3	Di		
4	Mi		
5	Do		
6	Fr		
7	Sa		
8	So		
9	Mo		46. Wo
10	Di		
11	Mi		
12	Do		
13	Fr		
14	Sa		
15	So	Volkstrauertag	
16	Mo		47. Wo
17	Di		
18	Mi	Buß- und Bettag	
19	Do		
20	Fr		
21	Sa		
22	So	Totensonntag	
23	Mo		48. Wo
24	Di		
25	Mi		
26	Do		
27	Fr		
28	Sa		
29	So	1. Advent	
30	Mo		49. Wo

Dezember 2026

1	Di		
2	Mi		
3	Do		
4	Fr		
5	Sa		
6	So	2. Advent, Nikolaustag	
7	Mo		50. Wo
8	Di		
9	Mi		
10	Do		
11	Fr		
12	Sa		
13	So	3. Advent	
14	Mo		51. Wo
15	Di		
16	Mi		
17	Do		
18	Fr		
19	Sa		
20	So	4. Advent	
21	Mo	Winteranfang	52. Wo
22	Di		
23	Mi		
24	Do	Heiligabend	
25	Fr	1. Weihnachtstag	
26	Sa	2. Weihnachtstag	
27	So		
28	Mo		53. Wo
29	Di		
30	Mi		
31	Do	Silvester	

»... und können unsere Reise noch ein Weilchen fortsetzen!!«

Wie der Mensch das Klima verändert

Ein Überblick von Volker Harms

Die industrielle Revolution begann mit der Erfindung der Dampfmaschine. Damit machte sich der Mensch die Sonnenenergie vergangener Zeiten zu Nutze. Die Sonne sorgte seinerzeit für eine üppige Vegetation und im Laufe vieler Millionen Jahre verwandelten sich die damaligen Urwälder zu Kohle, einem idealen Brennstoff für die Dampfmaschine.

Der Fortschritt der Technik führte dann zu anderen Verbrennungsmotoren, so dass wir uns auch an den anderen fossilen Ressourcen wie Öl und Gas bedienen konnten und das Leben immer bequemer wurde.

Die Menschheit war stolz auf den technischen Fortschritt. Aber bereits während der industriellen Revolution wurde die Luft verschmutzt und der Himmel verdüsterte sich. Die Folge war die Englische Krankheit, heute meist als Rachitis bezeichnet, eine durch Vitamin-D-Mangel ausgelöste Knochenkrankheit besonders bei Kindern und Jugendlichen.

In den 80er Jahren des letzten Jahrhunderts führte die Luftverschmutzung zum Sauren Regen und man befürchtete ein großflächiges Waldsterben. Der Saure Regen beruhte auf der Schwefelsäure, die aus den Schornsteinen der großen Kohlekraftwerke großflächig über das Land verteilt wurde. Die Entschwefelungsanlagen haben kurzfristig für Abhilfe gesorgt.

Die Wälder leiden immer noch, aber heute weniger wegen des Sauren Regens, sondern eher wegen des Klimawandels.

Der Treibhauseffekt

Der Klimawandel ist heute das dominierende Thema in der politischen Diskussion. Das seit Beginn der industriellen Revolution ausgestoßene Kohlendioxid reichert sich in der Atmosphäre an und behindert die Abstrahlung der Wärme in den Weltraum. Es

ist bekannt, dass die Nächte bei wolkenlosem Himmel sehr kühl sind. Bei wolkenverhangenem Himmel hingegen verhindern die Wolken die Abstrahlung der Wärme in den Weltraum.

Eine ähnliche Funktion haben die Glasscheiben eines Gewächshauses. Deshalb spricht man auch vom Treibhauseffekt. Wie man selbst als physikalischer Laie am Beispiel des wolkenverhangenen Himmels feststellen kann, haben die Wolken einen ausgeprägten Treibhauseffekt. Dasselbe gilt für den in der Atmosphäre vorhandenen Wasserdampf. Der Effekt soll 33 Grad Celsius betragen, d.h. ohne Wasserdampf wäre die Erde 33 Grad kälter, sie wäre ein Eisklotz, die Gletscher würden von den Polen bis zum Äquator reichen. Ohne den Treibhauseffekt des Wasserdampfs könnten keine Pflanzen gedeihen und es gäbe keine Landtiere – und uns natürlich auch nicht.

Das Kohlendioxid

Kohlendioxid ist ein Spurengas mit einer Konzentration von gut 250 ppm bis zum Beginn der industriellen Revolution. Das sind 250 Parts per Million, also 250 CO_2 Moleküle auf eine Million Luftmoleküle. Das entspricht 0,25 Promille.

Als der Mensch im Zuge der industriellen Revolution begann, in großem Stil fossilen Kohlenstoff zu verbrennen, hatte die dadurch hervorgerufene Luftverschmutzung durch Ruß Besorgnis ausgelöst, aber über die Folgen des erhöhten Kohlendioxidgehalts machte sich niemand Sorgen, einerseits weil sich das CO_2 weltweit verteilt, also großflächig verdünnt, und andererseits weil die Klimawirksamkeit damals unbekannt war.

Inzwischen sind die Folgen unübersehbar: Weltweit schmelzen die Gletscher, das Nordpolarmeer ist im Sommer fast eisfrei und fast jeden Monat gibt es neue Temperaturrekorde: Heißester Mai seit ..., heißester Juni seit ...., heißester Juli seit ... usw.

Langfristig droht eine Hochwasserkatastrophe von biblischem Ausmaß: Sollte Grönland komplett abschmelzen, würde der Meeresspiegel um 7 m steigen. Wenn zusätzlich der antarktische Eisschild abtauen würde, ist mit einem Anstieg um 70 bis 80 m zu rechnen, allerdings würde dies viele hundert Jahre dauern.

Es ist heute wissenschaftlich unumstritten, dass der steigende Kohlendioxidgehalt in der Atmosphäre die Ursache des Klimawandels ist. Wie wir aus Bohrkernen in Gletschern, in der Antarktis und in Grönland wissen, betrug der CO_2-Spiegel in der Atmosphäre vor der industriellen Revolution etwa 250 ppm. Der CO_2-Spiegel Anfang Juli 2024 beträgt etwa 425 ppm mit stetig steigender Tendenz.

Der Wind sorgt dafür, dass der CO_2-Gehalt der Atmosphäre weltweit weitgehend identisch ist, in Industriegebieten ebenso wie in Wüstengebieten oder auf einsamen Inseln, in Europa ebenso wie in Asien.

Seit 1958 wird auf einer Messstation am Mauna Loa auf Hawaii der CO_2-Gehalt der Atmosphäre genauestens gemessen, das

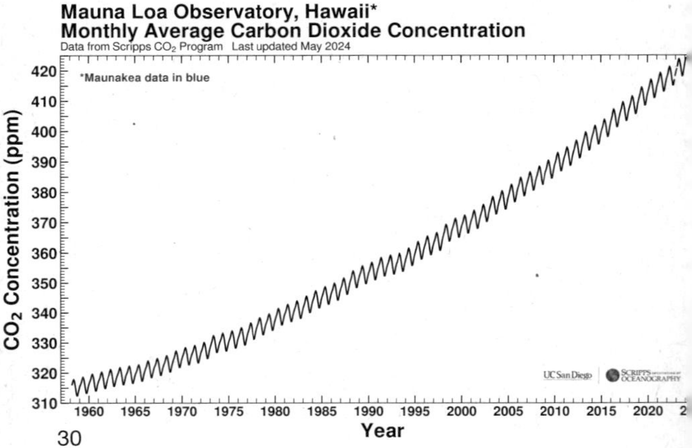

Ergebnis ist als sog. Keeling-Kurve bekannt. In den 65 Jahren bis 2023 ist die CO_2-Konzentration von 318 auf gut 420 ppm angestiegen, also um durchschnittlich knapp 2 ppm pro Jahr. Im Jahrzehnt von 2010 bis 2020 stieg die Kurve von 390 auf 415 ppm, also um 2,5 ppm pro Jahr.

Jahreszeitliche Schwankungen

Wie man sieht, gibt es eine regelmäßige Schwankung, indem die Werte während des Sommerhalbjahres abfallen und während des Winterhalbjahres wieder ansteigen. Das Dumme ist nur, dass der CO_2-Wert regelmäßig während des Winters stärker ansteigt, als er im Sommer zuvor abgefallen ist.

Vergleichen wir das Jahr 1958/59 mit dem Jahr 2022/23: Der Spitzenwert im Frühjahr 1958 liegt bei 318 ppm, der Peak im Frühjahr 1959 bei 319 ppm, der Kohlendioxidwert ist demnach im Jahr 1958 um 1 ppm angestiegen.

Der letzte aufsteigende Zacken der Kurve geht nur bis zum 31.12.2023, aber nicht bis Höchstwert im Frühjahr 2024. Aus diesem Grunde wählen wir als Vergleich das Jahr 2022/23. Der CO_2-Wert ist von gut 421 auf knapp 424 ppm gestiegen, also um 2,5 ppm. Dies allein zeigt schon die Brisanz der Situation: Der Klimawandel schreitet mehr als doppelt so schnell voran wie in den 50er Jahren!

Um wieviel Tonnen CO_2 steigt der Gehalt der Atmosphäre pro Jahr?

Für die Umrechnung von ppm in Tonnen müssen wir uns an den Chemieunterricht in der Schule erinnern: Es geht um die Umrechnung der Masse einzelner Atome in kg oder Tonnen. Bei Wikipedia kann man nachlesen, das die gesamte Lufthülle der Erde eine Masse von 5,15 x 10^{15} t hat.

Wenn jedes CO_2-Molekül so schwer wäre wie ein Luftmolekül, dann würde 1 ppm CO_2 gleichmäßig über die Lufthülle verteilt

genau ein Millionstel der Masse der Lufthülle ausmachen, das Ergebnis wäre also 5,15 x 10^9 Tonnen. Diese einfache Rechnung ergibt sich daraus, dass eine Zunahme um 1 ppm bedeutet, dass auf jeweils eine Million Luftmoleküle ein Molekül CO_2 hinzukommt. Um die Masse der hinzugekommenen Moleküle zu ermitteln, nimmt man die Gesamtmasse und streicht 6 Nullen weg, dabei wird aus 10^{15} der Faktor 10^9, denn $10^{15}/10^6 = 10^9$.

Allerdings besteht die Luft zu 21 % aus Sauerstoff mit einem Molekulargewicht von 32 und zu 79 % aus Stickstoff mit einem Molekulargewicht von 28. Daraus ergibt sich ein durchschnittliches Molekulargewicht von 0,21 x 32 + 0,79 x 28 = 28,8.

CO_2 hat das Molekulargewicht von 12 + 2 x 16 = 44. Das bedeutet, dass CO_2 um den Faktor 44/28,8 = 1,53 schwerer ist als ein durchschnittliches Luftmolekül. Damit bedeutet eine Zunahme um 1 ppm eine Massenzunahme um

$$1{,}53 \times 5{,}15\ 10^9\ t = 7{,}88\ 10^9\ t$$

Weil das CO_2 zur Zeit nicht um 1, sondern um etwas 2,5 ppm pro Jahr zunimmt, reichert sich die Atmosphäre zur Zeit um etwa $20\ 10^9$ bzw. 20 Milliarden Tonnen pro Jahr an.

Die fossilen Kohlenstoffquellen, also Kohle, Öl und Gas sind von hoher wirtschaftlicher Bedeutung und werden sehr genau erfasst. Wir wissen mit großer Genauigkeit, dass bei der Verbrennung dieser Bodenschätze jährlich etwa 40 Milliarden Tonnen CO_2 in die Luft geblasen werden. 20 Milliarden Tonnen werden wieder entfernt, besonders im Sommerhalbjahr, einmal durch die Vegetation und zum anderen löst sich das Kohlendioxid in den Weltmeeren. Das sind zwei natürliche Senken, die uns als Menschheit etwas Zeit verschaffen, um einen schonenden Umgang mit der Natur zu finden. Würde es diese Senken nicht geben, hätte sich die Erde längst in ein unbewohnbares Treibhaus verwandelt. Dann wäre bereits jetzt der CO_2-Wert bei knapp 600 ppm.

Die jährlichen Schwankungen dürften nach der oben skizzierten Argumentation maximal bei 5 ppm liegen, aber man darf nicht vergessen, dass zu den menschengemachten Emissionen an CO_2 noch die natürlichen Emissionen hinzukommen, vor allem, wenn im Herbst die Blätter fallen und verwesen, das heißt sich unter fleißiger Mithilfe von allerlei Mikroorganismen in CO_2 verwandeln.

Corona Pandemie und andere Beschränkungen

Auffällig an der Keeling-Kurve ist, dass die Corona Pandemie keinerlei Spuren hinterlassen hat. Immerhin hat zeitweise der gesamte Luftverkehr geruht und auch der Individualverkehr war durch Homeoffice und andere Beschränkungen stark reduziert. Im Grunde wurden während der Pandemie regierungsseitig all jene Beschränkungen verordnet, die von Umweltschützern gefordert werden und wegen derer sich einige Leute auf Straßen und Flughäfen festkleben, weil sie der Meinung sind, sie gehörten zur letzten Generation. Der Mensch ist eben doch nur ein kleines Rädchen im mächtigen Getriebe der Natur. Das ist kein Freibrief, denn wenn die Natur zurückschlägt, sind wir (fast) hilflos, wie jeder Orkan, jedes Hochwasser, jeder Vulkanausbruch oder auch jede Epidemie immer wieder aufs Neue zeigt.

Es ist von verschiedenen weltweit tätigen Organisationen untersucht worden, aus welchen Quellen die Treibhausgase stammen. Das Ergebnis ist, dass praktisch jede menschliche Aktivität mit der Emission von Treibhausgasen verbunden ist, bis hin zur Landwirtschaft, die fast ein Drittel zu den klimawirksamen Gasen beiträgt, vor allem durch den Ausstoß von Methan, welches in großen Mengen anfällt, wenn Kühe mit Kraftfutter (statt Grass) ernährt werden oder auch beim Anbau von Reis. Auch spielt die Abholzung von Wäldern eine große Rolle.

Der viel gescholtene Flugverkehr soll zu etwa 2 % zu den klimawirksamen Gasen beitragen, der Straßen-Verkehr und der Gebäudesektor jeweils etwa 12 %. Insofern ist es nachvollziehbar, dass eine Einschränkung der Berufspendler und eine Einstellung des Flugverkehrs in der globalen CO_2-Bilanz, wie sie durch die Keeling-Kurve dargestellt wird, nicht sichtbar wird. Die Bundesregierung und auch die EU-Kommission in Brüssel haben angesichts der immensen Kosten und Risiken, die der Klimawandel in der Zukunft mit sich bringen wird, ehrgeizige Pläne. Sie wollen die Emission von CO_2 bis Mitte des Jahrhunderts auf Null reduzieren.

Die Grafik zeigt wie sich in den letzten Jahrzehnten die Nutzung verschiedener Energiequellen entwickelt hat. Die Werte gingen stets nach oben. Der in den letzten Jahren zu verzeichnende Einsatz alternativer Energiequellen war nicht damit verbunden, dass die Nutzung fossiler Energiequellen eingespart wurde, wie die Bezeichnung „alternativ" eigentlich nahelegt. Stattdessen halfen die regenerativen Energiequellen, vor allem

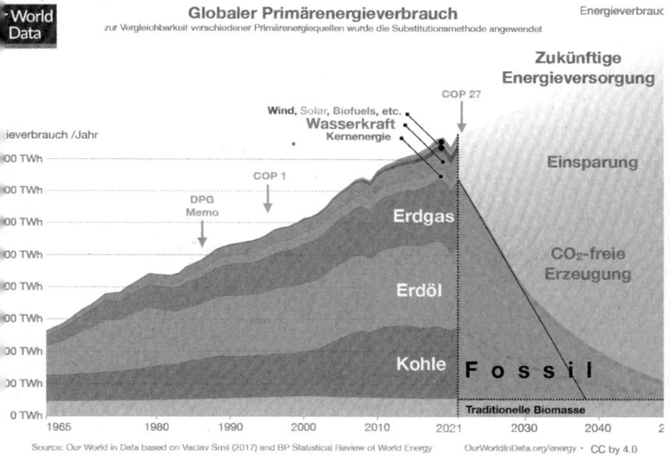

Die Grafik, herausgegeben von der Deutschen Physikalischen Gesellschaft, stellt den bisherigen Energieverbrauch den Plänen gegenüber, die sich aus dem Pariser Abkommen zur Begrenzung der Temperaturerhöhung auf 1,5 Grad ergeben. Die natürlichen Senken für Kohlenstoff sind hiebei nicht berücksichtigt, die projektierte Absenkung geht auf absolut Null.

Sonne und Wind, den Energiehunger zu stillen, der mit dem zunehmenden Wohlstand einhergeht. Aber natürlich wäre der Verbrauch fossiler Energiequellen ohne den Einsatz der alternativen noch stärker gestiegen. Insofern ist der Begriff „alternativ" dann doch wieder richtig.

Jetzt soll der Verbrauch der fossilen Energieträger innerhalb von zwei oder maximal drei Jahrzehnten auf Null gedrückt werden. Dass dieses Vorhaben gut gemeint ist, steht außer Frage, aber wie soll es umgesetzt werden? Es gibt zwei Probleme:

Einerseits müssen die erneuerbaren Energien so stark ausgebaut werden, dass die Lichter nicht ausgehen und die Industrie nicht auswandert nach Amerika oder Asien. Die ersten Firmen denken bereits darüber nach und sie werden anderswo mit offenen

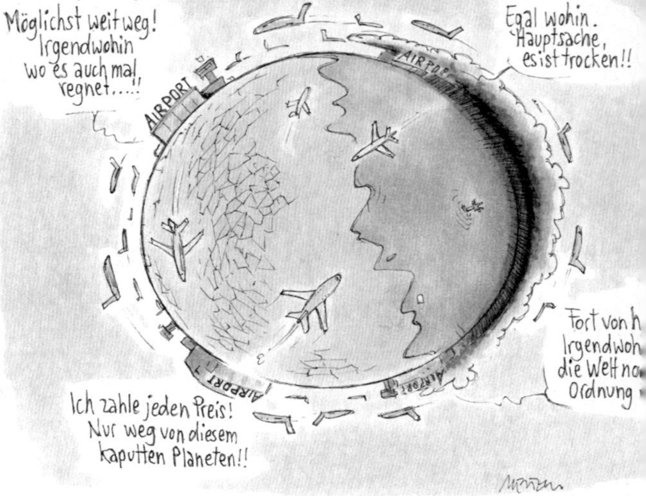

Armen, das heißt mit einem Bündel von Subventionen, empfangen. Immerhin bringen sie Arbeitsplätze und Wertschöpfung mit.

Das zweite Problem ist, dass die Anlagen, mit denen heute die fossilen Energien verbrannt werden, nicht ganz billig sind und eine lange Lebensdauer haben, denkt man z.B. an Kraftwerke, Hochöfen, Anlagen zur Glasschmelze, zum Verzinken oder zur Produktion von Zement oder von Kunstdünger. Industrieproduktion ohne Energieverbrauch ist nicht möglich.

Man hat gesehen, was es für einen medialen Aufschrei gegeben hat, als das Gerücht die Runde machte, dass vorhandene und gut funktionierende Gasheizungen verboten werden sollten. Das Resultat war, dass viele Hausbesitzer sich noch schnell eine neue Gas- oder Ölheizung einbauen ließen. Die von der Regierung favorisierten Wärmepumpen schossen preislich in die Höhe und sind dadurch inzwischen zum Ladenhüter geworden: Das Gute gewollt und das Gegenteil erreicht.

Steigender Wohlstand bedeutet steigenden Energieverbrauch

Neben diesen beiden kurzfristig kaum lösbaren Problemen des schleppenden Ausbaus der Erneuerbaren und des Festhalten am Bewährten und bereits Bezahlten gibt es noch ein drittes Problem: Europa ist nur für etwa 10 % der weltweiten CO_2-Emissionen verantwortlich. Selbst wenn die Europäer es schaffen sollten, ihre Emissionen auf Null zu drücken, wäre der Klimawandel damit nicht abgewendet, denn die asiatischen Länder, speziell Indien und China, bauen mit großer Geschwindigkeit ihre Kapazitäten für die Verbrennung fossiler Brennstoffe aus. Das ist eine Folge des wirtschaftlichen Wachstums. Die erneuerbaren Energien, die in diesen Ländern ebenfalls mit großer Geschwindigkeit ausgebaut werden (viel schneller als bei uns), reichen einfach nicht aus, um den Energiehunger zu stillen.

Ich denke, wir Europäer, die wir Jahrhunderte lang als Kolonialmächte aufgetreten sind, haben kein Recht, den sich rasant entwickelnden Ländern wie Indien oder China die Nutzung fossiler Energien zu verbieten.

Wenn wir glauben, wir hätten das Recht, dann haben wir jedenfalls keine Möglichkeit dazu. Allerdings gibt es bei uns viele, die die Messer in dieser Richtung bereits wetzen: Importe aus diesen Ländern, die mit einem CO_2-Rucksack ins Land kommen, sollen mit einer Sondersteuer belegt werden, die die hierzulande geltende CO_2-Abgabe ausgleichen soll.

Bei alledem dürfen wir nicht vergessen, dass steigender Wohlstand in diesen Ländern auch uns hilft, vor allem deshalb, weil Wohlstand die Geburtenrate senkt. Die Überbevölkerung der Erde ist ein noch größeres Problem als der Klimawandel, denn mehr Menschen bedeuten mehr Energieverbrauch und damit eine Zuspitzung des Klimawandels.

Was tun?

Es ist sicherlich unbestritten, dass der Klimawandel nicht so weiterlaufen darf wie in den vergangenen Jahrzehnten. Jeder muss seinen Teil dazu beitragen, die Emission von Treibhausgasen zu reduzieren. Dies ist inzwischen weltweit Konsens und zeigt sich auch an den relativ erfolgreichen internationalen Klimakonferenzen. Allerdings sind die Klimakonferenzen in erster Linie Absichtserklärungen. Es kommt darauf an, wie aus Worten Taten werden.

Die Bundesregierung und auch die EU-Kommission bemüht sich um eine schnelle und konsequente Umsetzung. Dabei kann man schnell ins Straucheln kommen, wie das Debakel mit dem Gebäudeenergiegesetz gezeigt hat. Auch im KFZ-Bereich ist „gut gemeint“ und „gut gemacht“ nicht immer dasselbe.

Deutschland und auch die EU als Ganze möchten gerne als Vorreiter in Sachen Energieeffizienz gelten. Sie führen sich als Musterschüler auf und üben sich in vorauseilendem Gehorsam.

Der ursprüngliche Plan bestand darin, dass die deutsche Industrie, die seit Jahrzehnten weltweit führend im Automobilbau ist, jetzt auch eine führende Rolle beim Bau von E-Autos spielen sollte. Insofern hat man ohne zu murren allerlei Beschränkungen akzeptiert, vor allem dass demnächst keine Verbrenner mehr gebaut werden dürfen. Viele sahen das als Ansporn für die Zulieferindustrie und Ingenieure, sich um die letzten noch fehlenden Innovationen zu kümmern. Es geht um „Kleinigkeiten“, vor allem im Bereich der Batterietechnik und der Ladeinfrastruktur.

Es wurde großzügig geplant, bestimmte Autofabriken wurden für E-Autos reserviert, riesige Batteriefabriken wurden aus dem Boden gestampft.

Inzwischen ist die Staatskasse leer, die Beihilfen beim Kauf von E-Autos sind entfallen, der Gebrauchtwagenmarkt von E-Autos ist zusammengebrochen, die Käufer besinnen sich auf das

Bewährte (Fossile) und die Regierung überlegt sich, wie sie den Import von chinesischen E-Autos verhindern kann, denn diese wären noch am ehesten für Otto Normalverbraucher erschwinglich. Die europäische Autoindustrie kränkelt.

Absolut Null

Bevor man sich überlegt, was man konkret tun kann oder muss, muss man die Ziele definieren. Es liegt nahe, dass das erste Etappenziel darin besteht, kein Kohlendioxid mehr auszustoßen, d.h. keine fossilen Energieträger mehr zu verbrennen.

Das ist das gemeinsame Ziel von Umweltschützern, Bundesregierung und EU-Kommission. Allerdings ist es realistischerweise in naher und mittlerer Zukunft nicht erreichbar. Es würde bedeuten, die gesamte Industrie zu elektrifizieren (sofern das überhaupt möglich ist) und auch den gesamten Verkehr inkl. Schiffsverkehr, LKW-Verkehr und Fliegerei elektrisch zu betreiben. Die Heizung

von Gebäuden müsste komplett über Wärmepumpen geschehen. Dies wäre wahrscheinlich noch am ehesten erreichbar, weil die Technologie bereits vorhanden ist.

Doch trotz aller Kosten und Mühen, die wir in Europa aufbringen, wäre nichts damit gewonnen, solange in anderen Ländern fleißig fossile Brennstoffe verbrannt werden. Uns ist natürlich klar, „am deutschen Wesen soll die Welt genesen". Doch die vielen vielen Menschen – und jedes Jahr werden es mehr – , die soeben der Armut entkommen sind und stolz auf ihren neuen Kühlschrank blicken, die wissen nichts vom deutschen Wesen, und die können auch nicht 30 oder 50 Cent für eine Kilowattstunde bezahlen, denn sie verdienen ja nur einen oder zwei Dollar pro Tag. Sie sind also stolz auf ihren neuen Stromanschluss, und die drei Cent für die Kilowattstunde können sie so gerade eben noch aufbringen. Dass der Strom aus Kohle erzeugt wird, sehen sie positiv, denn das sichert viele Arbeitsplätze.

Kurzum, absolut Null-Emission wäre klimatechnisch erstrebenswert, muss vorerst aber ein Traum bleiben

Was ist Netto-Null?

Prof. Ganteför, ein Physik-Professor aus Konstanz, der in seiner Vorlesung jahrelang mit seinen Studenten die wissenschaftlichen Berichte des Weltklimarates durchgearbeitet hat und einen aktiven Youtube-Kanal u.a. zum Klimawandel betreibt, weist immer wieder auf die beiden Kohlendioxid-Senken Vegetation und Weltmeere hin. Das Ziel der angestrebten Dekarbonisierung besteht darin, dass der CO_2-Gehalt der Atmosphäre nicht weiter steigt und dass auf diese Weise der Klimawandel gestoppt wird. Wegen der CO_2-Senken würde es reichen, wenn der jetzige CO_2-Ausstoß halbiert würde, das wäre dann das angestrebte „Netto-Null".

Letztlich schenken uns die Kohlendioxid-Senken Zeit, denn die Dekarbonisierung muss nicht so konsequent und schnell umgesetzt werden, wie es nötig wäre, wenn es diese Senken nicht gäbe. Wenn man davon ausgeht, dass die Weltbevölkerung in den nächsten Jahrzehnten weiter wachsen wird und dass ein wachsender Anteil der Weltbevölkerung der schlimmsten Armut entkommen wird und sich auch am Energiekonsum beteiligen wird, dann ist eine erhöhte Energieeffizienz für die Menschheit unausweichlich.

Das bedeutet, dass die Dekarbonisierung für die Menschheit noch lange ein Thema sein wird, aber die Kohlenstoffsenken entschärfen die Brisanz des Problems ganz deutlich.

Wir in Deutschland

Gerade in Deutschland strebt die Politik jedoch nach wie vor an, den CO_2-Ausstoß auf absolut Null zu reduzieren, d.h. die Politik ignoriert die Existenz der Senken. Die Absicht den CO_2-Ausstoß auf absolut Null zu senken, ist sicherlich gut gemeint, erscheint

aber unrealistisch gerade vor dem Hintergrund des Debakels mit dem Heizungsgesetz. Und auch mit den anderen Elementen der Dekarbonisierung wie den E-Autos oder der Erzeugung von „grünem Wasserstoff" geht es nicht wie gewünscht voran.

Man hat den Eindruck, dass viele Details erst noch erfunden werden müssen. Und in den Details steckt bekanntermaßen der Teufel.

Wenn man bedenkt, dass Deutschland nur etwa 1 % der Weltbevölkerung ausmacht, ist auch nicht erkennbar, wie Deutschland selbst bei einer erfolgreichen Energiewende das Weltklima retten könnte. Das geht rein rechnerisch nicht.

Der Masterplan besteht darin, dass Deutschland als erfolgreiches Industrieland vorangeht und die Machbarkeit der Dekarbonisierung demonstriert, so dass die Deutsche Industrie ihre Kompetenz im Kampf gegen den Klimawandel weltweit vermarkten kann. Im Moment ist das eher Zukunftsmusik.

Zur Zeit werden in Osteuropa, aber vor allem in Asien viele neue Kohlekraftwerke gebaut, denn nach wie vor ist Kohle eine der preiswertesten Energiequellen.

Schon aus diesem Grunde kann man mit Energie-Abstinenz in Deutschland das Weltklima nicht retten. Prof. Ganteför plädiert dafür, die Zeit, die die Kohlendioxid-Senken uns noch geben, sinnvoll zu nutzen mit einem sog. Plan B. Dieser Plan B umfasst viele keine Schritte, die jedoch im Gegensatz zu dem hochfliegenden Plan A der Bundesregierung und der EU-Kommission umsetzbar sind.

Der zur Zeit insbesondere von deutscher Seite betriebene Plan A einer Senkung der Kohlendioxidausstoßes auf absolut Null erscheint unrealistisch. Es deutet sich bereits an, dass selbst das reiche Deutschland mit dem Plan A überfordert ist, denn der Strompreis ist so hoch wie in kaum einem anderen Land und die ersten Industriebetriebe sehen sich bereits nach alternativen Standorten anderswo um. Die Welt ist groß, Osteuropa, die USA und viele asiatische Länder locken mit attraktiven Standortbedingungen.

Prof. Ganteför wird von einigen Aktivisten angefeindet, weil er mit dem Verweis auf die Kohlenstoff-Senken angeblich die heraufziehende Gefahr verharmlost.

Er versteht sich als Wissenschaftler und nicht als Aktivist. Das heißt, er äußert sich so, wie es die Daten hergeben und nicht so, wie man die Öffentlichkeit am besten mobilisieren könnte. Er sieht sich in seinen Aussagen nach bestem Wissen und Gewissen der Wahrheit verpflichtet, eine unseriöse Zuspitzung lehnt er ab.

Prof. Ganteför hat ein Buch über den Klimawandel geschrieben, welches im Herbst diese Jahres herauskommt. In diesem Buch beschreibt er, was man tun sollte, wenn nicht mehr zu leugnen sein wird, dass sich die hochfliegenden Pläne der Bundesregierung nicht verwirklichen lassen. Auf den folgenden Seiten ist die Einleitung abgedruckt. Das Buch ist für 22 Euro überall im Buchhandel erhältlich: Gerd Ganteför: Plan B für das Klima, ISBN-13978-3864894718 oder auch im Onlineshop des Verlages: www.buchkomplizen.de

Kapitel
Plan
B
für das
Klima
SPIEGEL
Bestseller-
Autor
Gerd
Ganteför
Mit den Kräften der
Natur den Klimawandel
bewältigen
WESTEND

Plan B für das Klima

Es gibt vielleicht einen bürger- und wirtschaftsfreundlichen Weg, das Klimaproblem zu lösen. Denn die Natur unterstützt uns in dem Bemühen, die Kohlendioxidkonzentration in der Atmosphäre nicht zu hoch werden zu lassen. Gemeint sind die beiden großen natürlichen Senken, die Ozeane und die Landpflanzen. Ozeanwasser speichert große Mengen an Kohlendioxid und zurzeit nehmen die Ozeane der Erde etwa ein Viertel unseres CO_2s auf. Ähnliches gilt für die Landpflanzen. Die Photosynthese der Wälder und Pflanzen spaltet CO_2 in Kohlenstoff und Sauerstoff. Den Kohlenstoff brauchen die Pflanzen für ihren eigenen Bedarf und den Sauerstoff geben sie wieder an die Atmosphäre zurück. Im Augenblick nehmen uns die Landpflanzen ebenfalls ein Viertel unserer Emissionen ab. Insgesamt kommt also nur rund die Hälfte der CO_2-Emissionen aus der Verbrennung von Kohle, Gas und Erdöl in der Atmosphäre an. Das ist schon seit vielen Jahrzehnten so und ohne die großen Senken wäre heute sehr viel mehr CO_2 in der Atmosphäre. Das alles lässt sich nachmessen und wird ausführlich in den großen Berichten des Weltklimarats beschrieben.

Die Klimaerwärmung wird hauptsächlich durch das CO_2 verursacht. CO_2 ist ein Treibhausgas und je mehr von diesem Gas in der Atmosphäre ist, um so wärmer wird es. Ein erstes Ziel des Klimaschutzes müsste es also sein, die Konzentration des Kohlendioxids in der Atmosphäre nicht noch weiter anwachsen zu lassen. Bisher wurde dieses Ziel verfehlt, denn die CO_2-Konzentration stieg bisher sogar mit jedem Jahr immer stärker an. Die CO_2-Konzentration bliebe konstant, wenn die Emissionen auf die Menge gesenkt werden, die die beiden großen Senken jährlich aufnehmen können. Dann würde jedes Jahr die gleiche Menge an CO_2in die Atmosphäre entlassen werden, wie von den Senken aufgenommen wird. Ein Nullsummenspiel und die CO_2-Konzentration bliebe konstant. Die Erwärmung wird schließlich gestoppt. Das ist die Grundidee des in diesem Buch näher beschriebenen Senkenmodells.

Die Leistung der beiden Senken liegt im Augenblick bei rund 20 Milliarden Tonnen CO_2 pro Jahr während die Menschen jedes Jahr rund 40 Milliarden Tonen an CO_2 freisetzen. „Netto-Null" bedeutet, dass nur soviel CO_2 freigesetzt wird, wie die Natur aufnehmen kann. Unter Berücksichtigung der Senken könnte die Menschheit also weiterhin 20 Milliarden Tonnen CO_2 emittieren, jedenfalls solange die Leistung der Senken so hoch bleibt. Die Reduktion der Emissionen von heute 40 Milliarden Tonnen auf 20 Milliarden Tonnen pro Jahr ist noch immer eine gewaltige Herausforderung. Es erscheint aber eher machbar als die Forderung der Mainstream-Klimapolitik nach einer vollständigen Dekarbonisierung auf Absolut-Null.

Das Senkenmodell hat noch einen weiteren Vorteil. Die Leistung der Senken kann durch sanfte Maßnahmen erhöht werden. Es ist zum Beispiel möglich, Wälder auf Flächen anzupflanzen, die bisher noch nicht genutzt werden. Weiterhin kann die Fähigkeit der Ozeane CO_2 aufzunehmen, ebenfalls gesteigert werden. Wie das funktionieren kann, wird in diesem Buch näher erläutert.

Das Senkenmodell wird von den meisten Klimaaktivisten, Klimajournalisten und Klimapolitikern abgelehnt. Ihr Hauptargument ist, dass jede Abschwächung ihrer Forderungen nach einer vollständigen Dekarbonisierung dazu führen würde, dass die Bevölkerung demotiviert wird, die harschen Auflagen eines radikalen Klimaschutzes weiterhin mitzutragen. Viele Bürger würden denken, sie bräuchten gar nichts mehr zu machen, weil es die natürlichen Senken gibt. Aus diesem Grund wird die Existenz der Senken aus der öffentlichen Diskussion weitestgehend herausgehalten. Erstaunlicherweise vertreten auch manche Klimawissenschaftler und Wissenschaftlerinnen diese Ansicht. Aber das

Vorenthalten von Wahrheit kann nicht die Aufgabe der Naturwissenschaft sein. Sie verliert ihre Glaubwürdigkeit und degradiert sich selbst zu einer politischen Strömung, die nicht mehr an die Wahrheit gebunden ist.

Der Mainstream der Klimabewegung argumentiert im Rahmen des sogenannten Budgetmodells, dass die Existenz der Senken weitestgehend ignoriert. Im Budgetmodell wird davon ausgegangen, die Menschheit über den gesamten Zeitraum der Industrialisierung hinweg nur eine bestimmte maximale Menge an CO_2 emittieren darf, um zu vermeiden, dass es zu warm wird. Ist dieses „Budget" aufgebraucht, müssen die Emissionen auf absolut Null fallen. Es gibt also praktisch keine natürlichen Senken in diesem Modell. Spricht man die Verfechter des Budgetmodells auf diese offensichtliche Diskrepanz an, verweisen sie auf Modellrechnungen. Danach nimmt die Senkenleistung in der unmittelbaren Zukunft sehr rasch ab. Solche Rechnungen gibt es schon seit vielen Jahrzehnten und seit vielen Jahrzehnten erweisen sie sich als falsch. Es ist vielleicht wichtig zu erwähnen, dass Naturwissenschaft auf der Übereinstimmung von Theorie und Experiment be-

ruht. Nach Karl Popper müssen naturwissenschaftliche Aussagen sogar falsifizierbar sein. Vorhersagen von Klimamodellen können aber erst in der Zukunft überprüft werden. Das gilt für die Klimamodelle nicht. Sie werden von Menschen programmiert und ihre Ergebnisse können nicht überprüft oder falsifiziert werden.

Dieses Budgetmodell ist die Grundlage aller radikalen Forderungen des Klimaschutzes. Würde sich herausstellen, dass es falsch oder unvollständig ist, würden einige dieser Forderungen hinfällig werden. Es ist daher nicht verwunderlich, dass das Senkenmodell von der Mainstream Klimabewegung abgelehnt wird. Aber die Klimaideologie befindet sich hier in einem ernsten Konflikt mit der Realität. Es kann keinen Zweifel daran geben, dass es die Senken gibt und dass ihre Leistung seit vielen Jahrzehnten proportional zur CO_2 Menge in der Atmosphäre zugenommen hat. Das kann nicht bezweifelt werden, denn hierbei handelt es sich um experimentell überprüfbare Größen im Gegensatz zu den Vorhersagen der Klimamodelle.

Das Senkenmodell würde, wenn es sich als richtig erweist, einen Teil der Panik aus dem System nehmen. Von den Angstszenarien lebt aber inzwischen eine ganze Industrie. Auch politische Parteien, NGOs und einige Medien machen sich die Klimaangst zunutze und haben ein Interesse daran, dass die Panik aufrecht erhalten bleibt. Mit Wissenschaft hat das nichts mehr zu tun.

Das Buch versteht sich als Hinweis auf eine Möglichkeit, das Klimaproblem zu lösen, wenn der Plan A scheitern sollte. Mit Plan A ist der konventionelle Klimaschutz gemeint, wie er von den Regierungen vieler westlicher Länder propagiert wird. Selbst in Deutschland, dem selbst ernannten Vorzeigeland der Energiewende, stoßen die radikalen Maßnahmen zunehmend auf den Widerstand der Bürger, denn sie führen das Land in die Verarmung. Dass es eine globale Dekarbonisierung nicht geben wird, ist inzwischen immer mehr Bürgern klar geworden. Die teuren Maßnahmen einer Dekarbonisierung bis 2050 des Plan A stellen sogar für die Bevölkerung der reichen Länder eine große und manchmal existenzgefährdende Belastung dar. Sie sind für einen globalen Klimaschutz ungeeignet, da sich die meisten Menschen auf der Erde diese Maßnahmen nicht leisten können.

Deshalb brauchen wir einen Plan B. Plan B gibt der Menschheit mehr Zeit und nimmt die Panik aus dem System. Plan B nutzt teilweise auch diese gängigen Maßnahmen zur CO_2 Reduktion, aber auf eine weniger radikale, sozialverträgliche Art. Hinzu kommt, dass es die Existenz der Senken ermöglicht, fossile Energien wie Erdgas und Erdöl in reduziertem Maß dort, wo sie nur schwer ersetzt werden können, weiter zu verwenden.

Der wichtigste neue Aspekt im Plan B ist, dass die Leistung der Senken verstärkt werden kann. Damit kommt eine ganze Palette von kostengünstigen und sanften Klimaschutzmaßnahmen hinzu, mit denen CO_2 im Gigatonnenmaßstab aus der Atmosphäre extrahiert werden kann. Die Chance, das Klimaproblem letztlich zu bewältigen, steigt damit drastisch.

Auf der Basis der großen natürlichen Senken lässt sich also ein Plan B des Klimaschutzes entwickeln, der die Bürger und die Wirtschaft weniger belastet und sogar Anlass zu ein wenig

Optimismus gibt. Plan B ist ein ganzheitlicher Ansatz, denn das Klimaproblem ist nicht einziges Problem der Menschheit. Die UN hat sich auf 17 Ziele geeinigt. Die 17 UN-Nachhaltigkeitsziele sind eine Liste der wichtigsten Probleme der Menschheit. Klima steht auf Platz 13. Auf Platz eins und zwei stehen Armut und Hunger. Plan B versucht, die Klimaproblem im Einklang mit diesen 17 UN-Nachhaltigkeitszielen zu bewältigen.

Das Buch beschreibt eine bürgerfreundliche Version eines globalen Klimaschutzes, die im Einklang mit den Erkenntnissen der Wissenschaft und den 17 UN-Nachhaltigkeitszielen ist. Es ist ein ideologieneutraler und ganzheitlicher Ansatz mit den Menschen und nicht gegen die Menschen. Das Buch wendet sich gegen die Mittel der Angst und der Übertreibung, die so häufig zum Einsatz kommen, um die harschen Maßnahmen einer radikalen, ideologiegetriebenen Klimapolitik durchzusetzen. Es analysiert die Problemlage sachlich und ohne Übertreibungen und beschreibt einen realistischen, bezahlbaren und bürgerfreundlichen Weg zur Lösung der Probleme. Es ist ein Buch gegen die Angst und für die Vernunft, gegen die Ideologie und für das kritische Denken.

Das Buch ist eine gute Nachricht und gibt Anlass zu ein wenig Optimismus und Lebensfreude.

Harald Lesch erklärt Wissenschaft so, dass es jeder versteht. Auf der Bühne macht er jetzt mit den »Vier Jahreszeiten« von Antonio Vivaldi auf den Klimawandel aufmerksam. Er will die erreichen, die seine Botschaft sonst nicht gerne hören.

»Ich habe es schon mit Hiobsbotschaften probiert«

Publik-Forum: *Sie haben das Programm »Die Vier Jahreszeiten im Klimawandel« entwickelt, mit Martin Walch, dem Leiter des Merlin Ensembles Wien. Was haben Musik und Klima miteinander zu tun?*

Harald Lesch: Wir müssen uns ja mit der Welt auseinandersetzen, und eine der schönsten Formen ist die Musik. Wenn ich Außerirdische treffen würde, würde ich sie nicht nach den Naturgesetzen fragen, sondern nach dem Besonderen an ihnen, also welche Musik sie machen oder welche Bilder sie malen. Musik ist eine ganz wichtige Form des Ausdrucks. Wir erläutern an Vivaldis Musikstück, wie die Jahreszeiten in der Erdgeschichte entstanden und wie sie sich heute unter dem Einfluss des Klimawandels verändern. Es ist eine moderne Interpretation einer Musik, die wahrscheinlich für immer da sein wird,

Publik-Forum: *Sie nehmen das Publikum auf eine musikalische und wissenschaftliche Zeitreise mit. Muss man bei dem Thema weit ausholen?*

Lesch: (lacht) Ich bin ein hinterhältiger Hochschulpädagoge und versuche immer, von hinten durch die Brust ins Auge zu kommen. Ich habe es schon mit Hiobsbotschaften probiert, aber gerade die Kombination von Musik und Wissenschaft kommt unheimlich gut an. Sie gibt einerseits die Möglichkeit, sich zu entspannen bei einer wunderschönen Musik, die alle kennen, und auf der anderen Seite kann ich mich bei diesem Projekt wie Wasser zwischen die Lücken schieben. Es ist ein weiterer Versuch, das Thema Klimawandel einem Publikum nahezubringen, das eigentlich gar nicht so gerne damit zu tun hat. Ältere Herrschaften hören nicht gerne, dass das, was wir in den letzten 70 Jahren so gemacht haben, überhaupt nicht gut fürs Klima war.

Publik-Forum: *Sind Sie in einer musischen Familie aufgewachsen? Waren Ihre Eltern aufgeschlossen gegenüber den schönen Künsten?*

Lesch: (lacht) In der Kneipe meiner Eltern und Großeltern stand eine Musicbox! Ich bin mit Bert Kaempfert, Bill Ramsey und Roy Black aufgewachsen. Heute spiele ich Klavier, meine Frau Cuatro-Laute und mein Sohn Gitarre.

Publik-Forum: *Haben Sie als Jugendlicher mit Rockmusik gegen Ihre Eltern rebelliert?*

Lesch: Nein, ich habe mich als Jugendlicher eigentlich ziemlich wohl gefühlt. Natürlich war ich Fan von T. Rex, Supertramp oder Barclay James Harvest. Später wurde es ein bisschen intellektueller mit Bands wie Dire Straits. Irgendwann habe ich Jazz für mich entdeckt, und bei einem Konzert von Dave Brubeck war es um mich geschehen.

Publik-Forum: *Als 16-Jähriger benötigten Sie Förderunterricht in Mathematik, bis Sie bei einem Fahrradunfall einen Schädelbasisbruch erlitten. Seitdem gelten Sie als mathematisch hochbegabt.*

Lesch: Das ist ein Mythos, es war nur ein Schädelbruch! Es lag wohl daran, dass ich vorher zu faul war. Mit physiologischen Veränderungen hatte es jedenfalls nichts zu tun. Die Wochen im

Krankenhaus haben dazu geführt, dass mir klar wurde: So geht es nicht weiter! (lacht) Nach dem Unfall bin ich in den Mathe-Leistungskurs gegangen, weil ich mir dachte: Harry, jetzt zeigst du mal, was du kannst!

Publik-Forum: *Das entscheidende Maß für den Klimawandel sind die weltweiten Treibhausgase, insbesondere die CO_2-Emissionen. Die steigen immer weiter. Warum tritt die Politik dem Klimawandel nicht wirksam entgegen?*

Lesch: Als Wissenschaftler kann ich es nicht verstehen, zumal wir schon seit Jahrzehnten darauf hinweisen, seit Ende der 1970er-Jahre. Wir Menschen haben es nicht geschafft, uns in unserem Energiehunger zu bändigen und mit elektrischem Strom aus erneuerbaren Energien zu fahren und Industrieprozesse anzutreiben. Wir leben im *Kapitalozän*, dem Erdzeitalter, das durch das Geld geprägt ist. Viele meinen, die fossilen Ressourcen seien billiger. Aber gerade hat die Münchener Rückversicherung veröffentlicht, wie viele Milliarden uns der Klimawandel im letzten Jahr gekostet hat. So lange das aber nicht eingepreist wird, machen wir einfach weiter. Professionelle Politiker haben immer Angst, dass sie nicht wiedergewählt werden. Das wird problematisch, wenn die Wissenschaft Maßnahmen einfordert, aber die Mehrheit der Wähler das nicht so sieht.

Publik-Forum: *Wird wenigstens genug unternommen, um dem Schlimmsten Einhalt zu gebieten?*

Lesch: Der CO_2-Gehalt der Atmosphäre hat sich so rasant erhöht, dass wir bereits bei 420 ppm sind. Das sind mehr als 50 Prozent über dem vorindustriellen Wert. Selbst wenn es gelingen würde, das zu stoppen, wird es drastische Konsequenzen für die Zukunft haben. 80 Prozent unserer Energieversorgung stammt nach wie vor *nicht* aus erneuerbaren Quellen. Hätten wir uns in den 1950er-Jahren für die Wind- statt für die Kernkraft entschieden, gäbe es heute eine glänzende CO_2-Bilanz und kein Endlagerproblem. Das Abbauen der AKWs wird noch mal Hunderte von Milliarden kosten. Die technologischen Entscheidungen meiner Generation waren einfach falsch, weil sie unter dem ökonomischen Imperativ getroffen wurden: Rendite, Rendite, Rendite.

Publik-Forum: *Warum ist der Klimawandel Laien und Skeptikern oft schwer zu vermitteln?*

Lesch: Klima ist das über 30 Jahre hinweg ermittelte Wetter. Wir können mit Statistiken schlecht umgehen und müssten eigentlich auf diejenigen vertrauen, die sie uns erklären. Das Vertrauen in wissenschaftliche Rationalität hat aber abgenommen, weil sie unsere ökonomischen Wünsche konterkariert. Der Klimawandel setzt Grenzen, und mit Grenzen hat unsere Wachstumsgesellschaft große Schwierigkeiten. Man darf es auch psychologisch nicht unterschätzen, was es bedeutet, wenn man ein oder zwei Generationen die Arbeit ihres Lebens vor die Füße wirft und ihnen die Schuld am Zustand der Welt gibt.

Publik-Forum: *Technologisch gesehen hätten wir die Lösungen schon. Macht Ihnen das Hoffnung?*

Lesch: Bauherren haben längst begriffen, dass Gas- und Ölheizungen Quatsch sind. Heute hat jeder Neubau Photovoltaik auf dem Dach und eine Wärmepumpe. Das läuft ja alles, aber es sollte aus dem ideologischen Parteigezänk rausgenommen werden. Es ist einfach nur Technik und sollte bitte wissenschaftlich behandelt werden. Hoffnung macht mir, dass es für die Wirtschaft eine Riesenchance ist, die Energiewende hinzukriegen.

Publik-Forum: *Laut Weltklimarat hat sich die Erde seit dem vorindustriellen Zeitalter bereits um 1,1 Grad erwärmt. Wie sähe die Erde mit drei Grad globaler Erwärmung aus?*

Lesch: In jeder Hinsicht katastrophal für uns, denn damit wäre viel mehr Energie in der Atmosphäre und die Extremwettersituation dramatischer. Die Niederschläge würden heftiger und die Stürme intensiver. In Italien, Spanien oder Griechenland würde es so heiß werden, dass man nicht mehr auf die Straße gehen kann. Die Arktis wäre im Sommer eisfrei und der Regenwald hinüber. Ich wüsste gar nicht, wie ich das meiner Enkeltochter erklären sollte.

Publik-Forum: *Wie optimistisch sind Sie, dass die Menschheit die von ihr angerichteten Verwüstungen überlebt?*

Lesch: Selbst die pessimistischsten Szenarien der 2000er-Jahre waren noch zu optimistisch angesichts der gegenwärtigen Entwicklung. Ich tue, was ich kann, und versuche, auch mit diesem Musikprojekt Leute darüber zu informieren in der Hoffnung, dass die dringend notwendigen politischen Entscheidungen getroffen und umgesetzt werden. Die technische Seite macht mir die größte

Hoffnung, solange wir uns nicht allein darauf verlassen. Wir müssen von den fossilen zu den erneuerbaren Ressourcen übergehen. Dadurch können wir ein Viertel unseres Primärenergieverbrauchs einsparen. Das wird natürlich Geld kosten. Deshalb brauchen wir die große Erzählung, dass die Energiewende etwas Positives wird, eine völlig neue Transformation, von der die Leute profitieren können.

Aus Publik-Forum kritisch - christlich - unabhängig, Oberursel, 3/2024,
Interview: Olaf Neumann

Harald Lesch, geboren 1960, ist Professor für Theoretische Astrophysik an der Ludwig Maximilians-Universität München und Lehrbeauftragter für Naturphilosophie an der Hochschule für Philosophie München. In den ZDF-Sendungen »Leschs Kosmos« und »Terra X« bringt er einem großen Publikum das Universum näher. Er ist Mitglied des Bayerischen Klimarats und kritisierte das behördliche Vorgehen gegen die »Letzte Generation«. Er nahm auch selbst an Demonstrationen teil.

Klimawandel ist nicht lustig.

Die Bundesregierung fördert in Ägypten und weltweit Projekte zur Produktion von „grünem Wasserstoff" für den Import nach Deutschland. Doch die Produktion und der Transport des Wasserstoffs sind extrem ineffizient. Anstatt dringend in Ägypten benötigten Strom aus Wind und Sonne bereitzustellen, soll dieser für unseren Konsum verschwendet werden, während die Menschen dort unter Energiearmut leiden.

„Grüner" Wasserstoff aus Ägypten

Neokolonial, unsozial, unökologisch und nicht klimafreundlich

Grüner Wasserstoff soll zukünftig – neben direktem Strom aus erneuerbaren Energien – zentraler Treibstoff für die Energiewende in Deutschland sein. Umgewandelt in Wasserstoff kann erneuerbarer Strom gut gespeichert und transportiert werden, schreibt die Bundesregierung. Deren „Wasserstoff-Strategie" geht davon aus, dass langfristig zwei Drittel des deutschen Bedarfs an Wasserstoff importiert werden soll.

Der vom Bundesministerium für Wirtschaft und Klimaschutz verkündete erste Liefervertrag für den Import von grünem Wasserstoff aus Ägypten ist Teil dieser Strategie. Da Wasserstoff nur schwerlich per Schiff transportiert werden kann, soll dieser in Ammoniak umgewandelt werden, der dann in Deutschland wieder zu Wasserstoff gemacht werden soll. Dazu sollen von 2027 bis 2032 über 259.000 Tonnen Ammoniak aus Ägypten per Schiff von der Firma Fertiglobe aus Abu Dhabi geliefert werden, was etwa 41.000 Tonnen Wasserstoff entspräche.

Die dafür benötigten Elektrolyse- und Ammoniakanlagen sollen in der Wirtschaftszone des Suez-Kanals am Roten Meer gebaut werden, während der Strom in einem neu errichteten On-

shore-Windpark mit einer Leistung von 203 MW in Ras Ghareb in der Nähe des Roten Meeres und in einer neu errichteten Photovoltaikanlage mit einer Leistung von 70 MW in Benban im Süden Ägyptens erzeugt werden soll.

„Das vereinbarte Projekt für den Import von grünem Wasserstoff aus Ägypten ist neokolonial, unsozial, unökologisch und nicht klimafreundlich“, erklärt Klaus Schenck, Energieexperte von Rettet den Regenwald e.V..

Neokolonial

denn über das Förderprogramm der H_2-Global Stiftung der Bundesregierung soll die Firma Fertiglobe, die Unternehmen aus Abu Dhabi, den Vereinigten Arabischen Emiraten und den Niederlanden gehört, in Ägypten Wasserstoff aus Wind- und Sonnenstrom erzeugen, der in Form von Ammoniak nach Deutschland exportiert werden soll.

Unsozial

denn das nordafrikanische Land leidet an Energiearmut, hohen Strompreisen und an täglichen Stromsperrungen.

Die Menschenrechtsorganisation Human Rights Watch beklagt, dass „die ägyptische Regierung die Stromnutzung durch tägliche Stromabschaltungen im ganzen Land einschränke und damit die wirtschaftlichen und sozialen Rechte der Menschen gefährde“.

Hinzukommt, dass es in der ägyptischen Wüste kein Wasser gibt und deshalb für die Elektrolyse auf Meerwasser aus Entsalzungsanlagen zurückgegriffen werden muss. Um ein Kilogramm Wasserstoff herzustellen, werden 15 Liter speziell aufbereitetes hochreines Wasser gebraucht.

Unökologisch

weil die Produktion von „grünem“ Wasserstoff und dessen Umwandlung in Ammoniak für den Export nach Deutschland mit enormen Energieverlusten verbunden sind:

Lediglich ein Sechstel bis bestenfalls gut ein Viertel des Stroms bleiben erhalten, wenn das importierte Ammoniak in Deutschland wieder in Wasserstoff und Strom umgewandelt wird, wie wissenschaftliche Studien zeigen.

Der Grund liegt in den enormen Energieverlusten der Elektrolyse, der Umwandlung in Ammoniak, der Kühlung, des Schiffstransports, der Rückumwandlung in Wasserstoff und der Rückverstromung des Wasserstoffs.

Nicht klimafreundlich

weil in Ägypten der Anteil erneuerbarer Energien an der Stromproduktion lediglich 11 % beträgt. 88 % des Stroms werden dagegen aus fossilem Erdgas und Erdöl erzeugt, was sehr viel CO_2 freisetzt. „Anstatt den Strom aus Wind- und Sonnenenergie für grüne Wasserstoffexporte zu verpulvern, sollte dieser direkt in

Ägypten die klimaschädliche Stromproduktion aus Erdgas und Erdöl ersetzen. Das käme nicht nur den Menschen dort zugute, sondern auch dem Weltklima, denn CO_2 kennt keine Landesgrenzen", so Schenck weiter. Die Bundesregierung unterhält derzeit weltweit mit 21 Ländern Partnerschaften, Kooperationen und Allianzen im Wasserstoffbereich, darunter im Globalen Süden mit Angola, Brasilien, Chile, Marokko, Mexiko, Namibia, Nigeria, Südafrika, Tunesien und Vietnam.

„Wir lehnen das Projekt und generell die von der Bundesregierung in vielen Ländern des Globalen Südens vorangetriebenen Initiativen zur Produktion von grünem Wasserstoff für den Export nach Deutschland entschieden ab", erklärt Klaus Schenck. Aktuell werden in Deutschland pro Jahr 1,1 Mio. Tonnen Wasserstoff aus fossilem Erdgas über dem Prozess der Dampfreformierung hergestellt. Die bestehenden Anlagen zur Produktion von grünem Wasserstoff haben eine Leistung von weniger als 100 MW, die Produktion ist mit etwa 4.000 t (Energiegehalt Anteil 0,4 %) minimal.

Rettet den Regenwald e.V. fordert:

- Angesichts der Tatsache, dass die globalen Treibhausgasemissionen weiter ansteigen, die Klimakrise ebenso rasch voranschreitet und erneuerbare Energien mit einem Anteil an der Primärenergie-Versorgung von 15 % (2020) weltweit gesehen weiter sehr knapp sind, müssen diese effizient eingesetzt werden. Das heißt zuerst in den Bereichen, in denen sie große Mengen fossile Energien ersetzen und damit die Treibhausgasemissionen stark senken helfen.
- Solange erneuerbare Energien nicht im Überschuss zur Verfügung stehen, dürfen diese nicht für die sehr ineffiziente Produktion von grünem Wasserstoff und Derivaten für den Export verschwendet werden.

- Unser Energiebedarf muss im Inland oder bei unseren europäischen Nachbarländern gedeckt werden, aber keinesfalls durch Importe von Wasserstoff aus dem Globalen Süden. Die weltweiten Aktivitäten von Bundesregierung, EU und europäischen Firmen zur Produktion von grünem Wasserstoff für den Export nach Europa müssen beendet werden.

Warum ist der grüne Wasserstoff so ineffizient?

Die angestrebte Energieversorgung mit grünem Wasserstoff hat große Nachteile: Bei der Produktion durch Elektrolyse geht etwa ein Drittel des elektrischen Stroms verloren. Außerdem ist Wasserstoff schwer zu speichern und zu transportieren. Dazu muss das Gas unter hohen Druck komprimiert oder verflüssigt werden, wozu extrem tiefe Temperaturen (minus 252°C) notwendig sind. Der Energieeinsatz und die Energieverluste dafür sind enorm. Aktuell gibt es nicht einmal Schiffe für den Transport von Was-

serstoff. Bisher wird „grauer Wasserstoff" aus Erdgas und Kohle dort produziert, wo er auch verbraucht wird, das heißt in Erdölraffinerien, Chemie- und Düngemittelfabriken.

In Zukunft soll der erzeugte Wasserstoff in großen Mengen in sogenannte Derivate wie Ammoniak oder Methanol umgewandelt werden, die sich leichter speichern und transportieren lassen. Bei der Umwandlung kommt es aber zu weiteren erheblichen Energieverlusten. Größenordnungsmäßig ist die Rechnung etwa folgendermaßen:

Von 100 kWh mit Wind- und Sonnenenergie in Ägypten erzeugtem Strom stecken nach der Umwandlung in Wasserstoff durch Elektrolyse bei einem Wirkungsgrad von 70 % nur noch 70 kWh Energie.

Da der Transport von Wasserstoff per Schiff nicht möglich ist, wird dieser im nächsten Schritt in Ammoniak umgewandelt, wodurch weitere Energieverluste entstehen. Bei einem mittleren Wirkungsgrad von 75 % reduziert sich der Energiegehalt auf ca. 53 kWh.

Das Ammoniakgas muss für den Transport verflüssigt werden, wozu es in der Regel komprimiert und/oder auf unter Minus 33°C gekühlt wird, womit es einschließlich des Schiffstransports über ca. 3.500 Kilometer von Suez bis Rotterdam zu weiteren 10 % Energieverlusten kommt. Der Energiegehalt beträgt dann nur noch etwa 47 kWh.

In Deutschland muss das Ammoniak wieder zurück in Wasserstoff umgewandelt werden, womit bei einem Wirkungsgrad von 70 % noch höchstens 33 kWh verbleiben.

Zuletzt muss der Wasserstoff beispielsweise in einem Gas- und Dampfturbinenkraftwerk (Wirkungsgrad 60 %) zurück in elektrischen Strom umgewandelt werden, womit bestenfalls 20 kWh übrig bleiben.

Update vom 17. Juli 2024:

Der europäische Rechnungshof hat die Wasserstoffstrategie der EU-Kommission in einem Sonderbericht analysiert, und kommt zu keinem guten Urteil:

„Die EU-Kommission hat unrealistische Ziele für die Produktion und den Import von Wasserstoff festgelegt, ohne auf solide Analysen zurückzugreifen", kritisieren die Rechnungsprüfer. Stattdessen sei sie „von politischem Willen geleitet" gewesen. Außerdem warnt der Rechnungshof davor, dass die EU erneut bei einem strategisch wichtigen Energieträger in Abhängigkeit weniger Staaten geraten könnte. Weiterhin bemängelt werden unter anderem unklare Angaben hinsichtlich den Importmengen von Wasserstoff und Ammoniak.

Dezember 2024

Wichtig in dieser Woche

08:06 16:16

Montag

2

Dienstag

3

Mittwoch

4

 Neumond: ☻, zunehmender Mond: ☽, Vollmond: ☺, abnehmender Mond: ☾

Donnerstag
5

Freitag
6

Samstag
7

Sonntag
☽ **8**
2. Advent

Neben dem Sonnensymbol sind die Zeiten angegeben, zu denen in Kassel (9,5° östl.

Dezember 2024

Wichtig in dieser Woche

08:14 16:14

Montag

9

Dienstag

10

Mittwoch

11

 Länge, 51,3° nördl. Breite) die Sonne auf- und untergeht. In Abhängigkeit von der geographischen Lage ergeben sich Abweichungen: Je Längengrad sind 4 Minuten in öst-

Donnerstag
12

Freitag
13

Samstag
14

Sonntag
☺ **15**
3. Advent

licher Richtung abzuziehen, in westlicher Richtung zu addieren. Bei Orten mit anderer geographischer Breite sind die Verhältnisse jahreszeitabhängig: In nördlicher Richtung

Dezember 2024

Wichtig in dieser Woche

08:21 16:14

Montag

16

Dienstag

17

Mittwoch

18

sind die Tage im Sommer länger und im Winter kürzer als in Kassel, in südlicher Richtung ist es umgekehrt. Beispielsweise scheint die Sonne zur Sommersonnenwende in Frei-

Donnerstag

19

Freitag

20

Samstag

21

Winteranfang

Sonntag

☾

22

4. Advent

burg von etwa 5:30 bis 21:30, in Kiel aber von 4:45 bis 22:00, zur Wintersonnenwende hingegen in Freiburg von etwa 8:15 bis 16:30, in Kiel aber nur von 8:30 bis 16:00. Zum

Dezember 2024

Wichtig in dieser Woche

08:25 16:17

Montag

23

Dienstag

24

Heiligabend

Mittwoch

25

1. Weihnachtstag

Frühlings- und Herbstanfang scheint die Sonne in beiden Orten jeweils fast genau 12 St
Beide Zahlenangaben sind in MESZ (Mitteleuropäische Sommerzeit). Die angegebenen

Donnerstag

26

2. Weihnachtstag

27. Dezember 1983: Ende der Einspruchsfrist gegen die geplante WAA in Dragahn. Über 29 000 Einsprüche gingen beim Landkreis Lüchow-Dannenberg ein.

Freitag

27

Samstag

28

Sonntag

29

beziehen sich jeweils auf den Montag der laufenden Woche.

Dezember 2024

Wichtig in dieser Woche

08:26 16:22

Montag

30 ☻

Dienstag

31

Silvester

Mittwoch

1

Neujahr

1. Januar 1988: Es wird bekannt, dass 1957 ein schwerer Unfall in der Atomkraftanlage Windscale (heute Sellafield) vertuscht wurde.

Donnerstag

2

3. Januar 1989: Rom erhebt Plastiktüten-Steuern.

Freitag

3

Samstag

4

5. Januar 1993: Der auf Grund gelaufene Tanker „Braer“ verursacht eine Ölpest vor der Küste der Shetland-Inseln.

Sonntag

5

Januar 2025

Wichtig in dieser Woche

08:25 16:30

Montag

6

Heilige Drei Könige[1]

6. Januar 1991: Bei einer friedlichen Anti-Atomtest-Demonstration in der Wüste von Nevada werden 400 Demonstranten festgenommen.

Dienstag

7 ☽

7. Januar 2008: Die Gesellschaft zum Schutz der Meeressäugetiere (GSM) teilt mit, dass die Schweinswale in der Ostsee akut vom Aussterben bedroht sind. - 7. Januar 2015: Der Ölkonzern Shell zahlt im Rahmen einer außergerichtlichen Einigung 35 Mio Pfund für die Verseuchung des Nigerdeltas im Jahr 2008.

Mittwoch

8

8. Januar 2008: Der Bundesverband Erneuerbare Energien teilt mit, dass der Anteil von Windenergie, Sonnenenergie und anderen Erneuerbaren Energien im Jahr 2007 bei 9,1 % gelegen hat.

1) gesetzlicher Feiertag in Baden-Württemberg, Bayern, Sachsen-Anhalt, Österreich

Donnerstag

9

10. Januar 2008: Der britische Energieminister John Hutton gibt bekannt, dass innerhalb der nächsten 10 bis 15 Jahre eine neue Generation von Kernkraftwerken gebaut werden soll.

Freitag

10

11. Januar 2008: In Finnland erwachen die ersten Bären aus dem Winterschlaf – acht Wochen eher als üblich.

Samstag

11

Sonntag

12

Januar 2025

Wichtig in dieser Woche

08:25 16:40

Montag

13 ☺

13. Januar. 2008: Das Greenpeace-Schiff „Esperanza“ vertreibt eine japanische Walfangflotte aus der Antarktis.

Dienstag

14

Mittwoch

15

16. Januar. 2008: Das Oberverwaltungsgericht in Schleswig entscheidet, dass die Laufzeit des AKW Brunsbüttel nicht durch Übertragung von Strommengen aus dem AKW Mülheim-Kärlich verlängert werden darf.

Donnerstag
16

17. Januar 1966: Plutoniumverseuchung beim spanischen Ort Palomares nach Absturz einer amerikanischen B-52 mit vier Wasserstoffbomben an Bord.

Freitag
17

Samstag
18

19. Januar 1736: James Watt, dessen Erfindung der Dampfmaschine (1765) die industrielle Revolution ermöglichte, wird geboren.

Sonntag
19

Januar 2025

Wichtig in dieser Woche

08:14 16:51

Montag

20

20. Januar 1987: Bei einem Unfall in der englischen Wiederaufbereitungsanlage Sellafield werden zwölf Arbeiter radioaktiv verseucht.

Dienstag

21 ☾

21. Januar 1968: Nukleare Verstrahlung auf Grönland nach Absturz von US-Bombern mit vier Wasserstoffbomben an Bord.

Mittwoch

22

Donnerstag

23

Freitag

24

25. Januar 1994: Laut einem Bericht des Umweltministeriums ist der Waldboden in Nordrhein-Westfalen an vielen Stellen so sauer wie Essig.

Samstag

25

26. Januar 1989: In Niedersachsen wird in der Milch mehrerer Bauernhöfe PCB entdeckt, welches den zulässigen Grenzwert bis zum 22-fachen übersteigt.

Sonntag

26

Januar 2025

Wichtig in dieser Woche

08:08 17:03

Montag

27

Dienstag

28

28. Januar 1989: In London wird bekannt, dass die radioaktive Verseuchung der Böden in Schottland als Folge von Tschernobyl bis zu 40-mal höher als angenommen ist und dass Schafe und Wild stark verseucht sind.

Mittwoch

29 ☻

30. Januar. 2008: Der BUND teilt mit, dass etwa 70 % des Waldes in Deutschland sichtbar krank sind, 25 % sogar schwer geschädigt.

Donnerstag 30

31. Januar 1985: Vor einem Untersuchungsausschuss des US-Kongresses gibt der Bhopal-Eigner Union Carbide zu, dass im US-Werk in West Virginia in 83 Fällen das Bhopal-Gift ausgetreten ist.

Freitag 31

1. Februar 2008: Das Bundesamt für Verbraucherschutz teilt mit, dass 2006 in etwa zwei Dritteln der untersuchten Obst- und Gemüseproben Pestizide gefunden wurden.

Samstag 1

Sonntag 2

Februar 2025

Wichtig in dieser Woche

07:55 17:15

Montag

3

3. Februar 2008: An den Stränden von Föhr und Amrum werden ca. 200 verölte Vögel gefunden. Innerhalb von drei Tagen erhöht sich die Zahl auf über 1800.

Dienstag

4

4. Februar 2008: Im Atomkraftwerk Krümmel kommt es zu einem Brand.

Mittwoch

5 ☽

6. Februar 1967: Die USA beginnen, vietnamesische Wälder mit dem Krebs erzeugenden Pflanzenschutzmittel Agent Orange zu entlauben.

Donnerstag 6

7. Februar 1992: Die Internationale Atomenergie-Organisation in Wien stuft zehn der ältesten Atomreaktoren in Osteuropa als äußerst unsicher ein.
7. Februar. 2008: Die Neue Zürcher Zeitung meldet, dass sich 88 von 91 vermessenen Gletschern verkleinert haben.

Freitag 7

Samstag 8

9. Februar 1989: Die Niederlande verbieten die Verbrennung von chemischen Abfällen auf hoher See.

Sonntag 9

Februar 2025

Wichtig in dieser Woche

07:43 17:26

Montag

10

10. Februar 2008: Der für Fischerei zuständige EU-Kommissar Joe Borg fordert Japan auf, endgültig auf den Walfang zu verzichten.

Dienstag

11

11. Februar 1987: 150 Güterwagen mit 5000 Tonnen verstrahltem Molkepulver treffen in einem Bundeswehrlager in Meppen ein.

Mittwoch

12 ☺

12. Februar 2008: Neuseelands Ministerpräsidentin Helen Clark kündigt an, dass der Verkehr auf Neuseeland bis zum Jahr 2040 komplett kohlenstoffneutral werden soll.

13. Februar 2008: Der dänische Klimaforscher Mads Forchhammer warnt, dass die Klimaerwärmung zu einer Bedrohung für die antarktischen Pinguine wird.

Donnerstag 13

14. Februar 2008: Das Bundesumweltministerium berichtet, dass moderne Elektronik wie Fernsehen, PC, Drucker und Handy weltweit genauso viel CO_2-Ausstoß verursachen wie der Flugverkehr.

Freitag 14

Valentinstag

Wussten Sie, dass nach Angaben der FAO jährlich über 11 Millionen Hektar tropischen Regenwalds vernichtet werden?

Samstag 15

16. Februar 1985: In Wackersdorf und Schwandorf demonstrieren ca. 40 000 Menschen gegen die geplante WAA.

Sonntag 16

Februar 2025

Wichtig in dieser Woche

07:30 17:41

Montag

17

Wussten Sie, dass weltweit eine Milliarde Menschen ohne Zugang zu gesundem Trinkwasser leben?

Dienstag

18

Mittwoch

19

19. Februar 1985: In London wird eine Hochschule zu 900 DM Geldstrafe wegen Quälens von Versuchstieren verurteilt.

20. Februar 1994: In einer Volksabstimmung entscheiden sich 52% der Schweizer Wähler für die Verlagerung des gesamten Transit-Güterverkehrs auf die Schiene ab 2004.

Donnerstag ☾ 20

21. Februar 1988: Mexiko schickt 7000 Tonnen Milchpulver nach Nordirland zurück, weil ein Teil der Ladung radioaktiv verseucht ist.

Freitag 21

22. Februar 1990: Der Sicherheitsdirektor der britischen Atomindustrie rät AKW-Arbeitern, vorerst keine Kinder zu zeugen.

Samstag 22

23. Februar 1988: Weil das Trinkwasser in Teilen der Stadt Meerbusch für Säuglinge nicht mehr verwendet werden kann, werden an die Eltern der Babys und an das örtliche Krankenhaus Gutscheine zum kostenlosen Erwerb von Mineralwasser ausgegeben.

Sonntag 23

Februar 2025

Wichtig in dieser Woche

07:16 17:53

Montag

24

24. Februar 2022: Russische Truppen überfallen die Ukraine.

Dienstag

25

25. Februar 2008: Südafrika erlaubt nach 14 Jahren wieder die Jagd auf Elefanten in seinen Nationalparks.

Mittwoch

26

26. Februar 1992: Der ehemalige sowjetische Atomexperte Solotkow enthüllt, dass sowjetische Behörden 11 000 Container radioaktiven Mülls in der Nähe der Insel Nowaja Semlja versenkt haben.

Donnerstag

27

28. Februar 1981: 80000 Kernkraftgegner und 10000 Polizisten demonstrieren in Brokdorf.

Freitag

☻ 28

1. März 1989: Die Zentrale Kommission für biologische Sicherheit genehmigt erstmalig in der Bundesrepublik Deutschland die Aussaat von 37000 gentechnisch veränderten Petunien in Köln.

Samstag

1

2. März 1994: In Hamburg berichtet die Organisation Greenpeace, sie hätte begonnen, deutschen Giftmüll in Albanien zu sichern, damit er zurückgeschafft werde.

Sonntag

2

März 2025

Wichtig in dieser Woche

07:01 18:06

Montag

3

Rosenmontag

Dienstag

4

Fastnacht

4. März 1992: Nach einer Studie der Weltgesundheitsorganisation (WHO) ist die geschädigte Umwelt für drei Viertel der weltweiten Todesfälle verantwortlich.

Mittwoch

5

Aschermittwoch

5. März 1993: Die Welt-Meteorologie-Organisation (WMO) meldet einen bedenklichen Niedrig-Ozon-Rekord über Europa.

6. März 1989: In Murmansk wird mit knapper Not die Kernschmelze auf einem Eisbrecher verhindert.

Donnerstag

☽ **6**

7. März 1996: Wissenschaftler aus Edinburgh teilen mit, dass sie zwei walisische Bergschafe geklont haben.

Freitag

7

Samstag

8

Internationaler Frauentag

9. März 1988: In Österreich gelten Tiere ab 1.7.1988 auch juristisch als Lebewesen und nicht mehr als „Sachen".

Sonntag

9

März 2025

Wichtig in dieser Woche

06:46 18:18

Montag

10

Dienstag

11

11. März 2011: Bei einen Erdbeben und einer dadurch hervorgerufenen Flutwelle wird das japanische Atomkraftwerk Fukushima schwer beschädigt, sodass es in den folgenden Tagen zur Kernschmelze kommt. Die Umgebung wird großräumig verstrahlt, die Bevölkerung im Unklaren gelassen.
11. März 1988: Die Atomfirma Nukem wird endgültig geschlossen.

Mittwoch

12

12. März 1992: Der kolumbianische Botschafter gibt in Mexiko-Stadt bekannt, dass er sein Amt aufgrund der starken Luftverschmutzung aufgibt.

Donnerstag

13

14. März 2015: Der gewaltigste je gemessene tropische Zyklon Pam richtet schwere Verwüstungen an, als er mit Windgeschwindigkeiten von mehr als 270 km/h über die Neuen Hebriden und das Nachbarland Tuvalu fegt.

Freitag

☺ **14**

Wussten Sie, dass der Energieverbrauch bei der Herstellung von Weißblechdosen ca. 3-mal so hoch und bei der Herstellung von Aluminiumdosen ca. 10-mal so hoch wie bei der Herstellung von Glasflaschen ist?

Samstag

15

Sonntag

16

März 2025

Wichtig in dieser Woche

06:30 18:30

Montag

17

17. März 1985: In Bremer Schulen wird der Genuss von Trinkwasser wegen hoher Blei- und Kupferwerte verboten.

Dienstag

18

18. März 1967: Erste große Ölpest im Ärmelkanal durch den Supertanker „Torrey Canyon“.

Mittwoch

19

20. März-12. April 2010: Der isländische Vulkan Eyjafjallajökull bricht aus und beeinträchtigt den Flugverkehr in weiten Teilen Nord- und Mitteleuropas.

Donnerstag
20
Frühlingsanfang

21. März 1991: Bonn verkündet das Aus für den Schnellen Brüter in Kalkar.

Freitag
21

22. März 1989: In Basel wird eine Internationale Konvention beschlossen, um weltweit den Giftmüllexport zu stoppen.

Samstag
☾ 22

Wussten Sie schon, dass die korrekte Einstellung von Vergaser, Zündanlage und Ventilen mehr als 10 % Benzin sparen kann?

Sonntag
23

März 2025

Wichtig in dieser Woche

06:14 18:41

Montag

24

24. März 1989: Der amerikanische Öltanker „Exxon Valdez" läuft in Alaska auf ein Riff. 40000 Tonnen Öl verseuchen die Küste.

Dienstag

25

Mittwoch

26

26. März 1984: Eine neue DIN-Norm über bleifreies Benzin wird festgelegt.

27. März 2021: Weltweit wird ab 20.30h die jährliche „Earth Hour" stattfinden, eine Aktion des WWF zum Klimaschutz, bei der die Welt jedes Jahr für eine Stunde das Licht ausknipst. Neben Privathaushalten beteiligen sich auch viele Städte.

Donnerstag 27

28. März 1979: Reaktorunfall im AKW Three Mile Island bei Harrisburg, große Mengen Radioaktivität entweichen, 200 Bewohner werden evakuiert.

Freitag 28

Samstag ☻ 29

Sonntag 30

Beginn der Sommerzeit

März 2025

Wichtig in dieser Woche

06:58 19:53

Montag

31

Dienstag

1

1. April 1988: Ein westlich von Prag geplantes Kraftwerk wird nicht gebaut, weil der Schutz von Pflanzen und Tieren Vorrang hat.

Mittwoch

2

2. April 1989: 23 Säcke mit Chemikalien lösen ein Fischsterben in der Aller aus.

3. April 1986: In Würzburg erhalten städtische Mitarbeiter Freikarten für die Straßenbahn, wenn sie nicht mit dem Auto zum Dienst kommen.

Donnerstag

3

Freitag

4

5. April 1991: Der Chef der Kali-Chemie unterliegt im Rechtsstreit mit Greenpeace, das sein Foto auf Plakaten mit dem Untertitel „Wir ruinieren das Klima" abgebildet hatte, um gegen die FCKW-Produktion der Kali-Chemie zu protestieren.

Samstag

☽ **5**

Sonntag

6

April 2025

Wichtig in dieser Woche

06:43 20:05

Montag

7

7. April 1987: Gegen den Geschäftsführer der Hanauer Atomfabrik Alkem und drei Beamte des hessischen Wirtschaftsministeriums wird ein Strafverfahren eröffnet.

Dienstag

8

8. April 1987: Die Hamburger Sozialbehörde beschließt, wegen radioaktiver Belastung der Milch keine Schokoladenosterhasen in Kindergärten zu verteilen.

Mittwoch

9

9. April 1991: Im Himalaya fällt wegen der Ölbrände in Kuwait schwarzer Schnee.

Wussten Sie, dass die Meeresströmung das in der WAA Windscale/Sellafield freigesetzte Plutonium bis nach Grönland und bis an die norwegische Küste transportiert?

Donnerstag

10

Freitag

11

---

12. April 1957: 18 führende Kernphysiker warnen im „Göttinger Appell" vor den Gefahren der Atombombe. Bundeskanzler Adenauer sagt am gleichen Tag vor dem Bundestag: „Taktische Atomwaffen sind nichts weiter als die Weiterentwicklung der Artillerie."

Samstag

12

Sonntag

☺ **13**

April 2025

Wichtig in dieser Woche

06:27 20:16

Montag

14

Dienstag

15

15. April 2014: Die *Welt* veröffentlicht eine Meldung, dass laut einer Studie der Organisation *Global Witness* im letzten Jahrzehnt weltweit mindestens 900 Umweltaktivisten ermordet wurden.

Mittwoch

16

16. April 1996: Bonn: Nach 14-jährigem Verbot wird der Hanfanbau wieder genehmigt; der Anteil des Cannabis-Wirkstoffes darf 0,3 % nicht überschreiten.

17. April 1985: In der schriftlichen Begründung für das Verbot des Atomzwischenlagers in Gorleben weisen die Richter des Verwaltungsgerichts Lüneburg auf fehlende oder unzureichende Sicherheitsvorkehrungen hin.

Donnerstag

17

18. April 1988: Ein Gericht in Hamm wertet Wettangeln als Tierquälerei und verurteilt zwei Funktionäre zu Geldstrafen.

Freitag

18

Karfreitag

19. April 1989: Die indonesische Regierung gibt einer Papiertaschentuchfabrik das Recht, 800 000 Hektar Tropenwald abzuholzen.

Samstag

19

20. April 2010: Die Ölplattform „Deepwater Horizon" explodiert im Golf von Mexiko und verursacht die bisher größte Ölverschmutzung des Meeres.

Sonntag

20

Ostersonntag

April 2025

Wichtig in dieser Woche

06:13 20:28

Montag

21 ☾

Ostermontag

21. April 1994: Als weltweit erstes Chemieunternehmen steigt die Frankfurter Hoechst AG aus der Herstellung des Ozonkillers FCKW aus.

Dienstag

22

22. April: „Tag der Erde", internationaler Aktionstag zum Thema Umwelt.

Mittwoch

23

23. April 1991: Die Vereinigten Elektrizitätswerke Westfalen (VEW) unterzeichnen einen Vertrag, nach dem deutscher Atommüll bis weit über das Jahr 2000 hinaus in der WAA Sellafield entsorgt wird.

Donnerstag

24

25. April 1998: In Spanien löst der Bruch eines Auffangbeckens für die giftigen Abfälle einer Schwefelkiesmine eine ökologische Katastrophe aus. 25. April 2013: In Uruguay haben Forscher das Erbgut von Schafen mit Quallen-DNA versetzt, so dass sie nachts im UV-Licht leuchten.

Freitag

25

26. April 1986: Super-GAU in Tschernobyl. – 26. April 1995: Der ukrainische Gesundheitsminister gibt bekannt, dass seitdem 125 000 Menschen in seinem Land an den Folgen der radioaktiven Strahlung gestorben sind.

Samstag

26

Sonntag

☻ **27**

April 2025

Wichtig in dieser Woche

05:59 20:39

Montag 28

28. April 1986: Im schwedischen AKW Forswerk werden 600 Arbeiter wegen erhöhter Radioaktivität evakuiert. Erst später stellt sich heraus, dass die Radioaktivität durch den GAU in Tschernobyl verursacht wurde.

Dienstag 29

29. April 1987: Der Rhein färbt sich rot, nachdem bei Ciba-Geigy in der Schweiz Farbstoffe in den Rhein gelangt sind.

Mittwoch 30

Mai 2025

Donnerstag

1

Tag der Arbeit

Freitag

2

3. Mai 1980: Etwa 3000 AKW-Gegner besetzen die Tiefbohrstelle Gorleben.

Samstag

3

Wussten Sie, dass jährlich ca. 1000 Krebstodesfälle auf Asbest zurückzuführen sind?

Sonntag

☽ **4**

Mai 2025

Wichtig in dieser Woche

05:46 20:51

Montag
5

5. Mai 1992: Ein internationales Abkommen zur Begrenzung und Kontrolle von Giftmülltransporten tritt in Kraft.

Dienstag
6

6. Mai 1985: Die „Initiative Automobile Gesellschaft“ behauptet, Autoabgase würden Bäume düngen.

Mittwoch
7

8. Mai 1996: Der größte Polizeieinsatz der Bundesrepublik sichert den Transport von hochradioaktivem Abfall aus La Hague in das niedersächsische Zwischenlager Gorleben.

Donnerstag
8

Wussten Sie schon, dass jede zweite Schmetterlingsart in Mitteleuropa bereits ausgestorben oder akut gefährdet ist?

Freitag
9

Samstag
10

Sonntag
11
Muttertag

Mai 2025

Wichtig in dieser Woche

05:34 21:02

Montag
12 ☺

Dienstag
13

Mittwoch
14

15. Mai 1984: AP veröffentlicht eine Studie, wonach bei einer Umstellung der Landwirtschaft auf biologisch-dynamischen Anbau 1,6 Millionen Arbeitsplätze geschaffen würden.

Donnerstag

15

Freitag

16

17. Mai 1993: Der neue Franz-Josef-Strauß-Flughafen nimmt den Betrieb auf, das Erdinger Moos stellt ihn ein.

Samstag

17

18. Mai 1993: Die „Times of India“ meldet 147 Störfälle in Indiens AKWs im vergangenen Jahr.

Sonntag

18

Mai 2025

Wichtig in dieser Woche

05:24 21:12

Montag
19

19. Mai 1983: Der Seveso-Giftmüll wird nach langer Suche in einem alten Schlachthof in Nordfrankreich entdeckt.

Dienstag
20 ☾

20. Mai 1986: Bei einer Demonstration am Bauzaun von Wackersdorf werden 300 Menschen verletzt.

Mittwoch
21

Wussten Sie schon, dass jeder Bundesbürger etwa 130 Liter Wasser pro Tag verbraucht, ein Drittel davon für die Klospülung?

22. Mai 1986: Der hessische Umweltminister Fischer legt ein Programm für Energieversorgung ohne Kernenergie vor.

Donnerstag

22

Freitag

23

Samstag

24

Sonntag

25

Mai 2025

Wichtig in dieser Woche

05:16 21:21

Montag

26

Dienstag

27 ☻

27. Mai 1968: Beginn des Prozesses um die Missbildungen von über 2000 Menschen durch Contergan.

Mittwoch

28

Donnerstag

29

Christi Himmelfahrt

Wussten Sie, dass jeden Tag mindestens 100 Tier- und Pflanzenarten aussterben?

Freitag

30

Samstag

31

1. Juni 1996: Die 40 000 Einwohner der Stadt Schönebeck entgehen nur knapp einer Giftkatastrophe, als ein mit dem hochgiftigen Vinylchlorid beladener Waggon entgleist und explodiert.

Sonntag

1

Juni 2025

Wichtig in dieser Woche

☼ 05:10 21:29

Montag

2

Wussten Sie, dass Schilder „Hier stirbt der Wald“, 1971 vom Bund Naturschutz in Bayern aufgestellt, polizeilich verboten wurden?

Dienstag

3 ☽

3. Juni 1992: Die UNO-Umweltkonferenz in Rio wird als größtes Gipfeltreffen der Geschichte eröffnet. Die Beschlüsse sind jedoch nicht bindend, eine Klimaschutzkonvention scheitert am Einspruch der USA.

Mittwoch

4

5. Juni 1972: Weltumwelttag; Eröffnung der 1. UNO-Umweltkonferenz in Stockholm.

Donnerstag

5

6. Juni 1989: Nach Informationen der Umweltorganisation Greenpeace liegen derzeit 60 Atomwaffen und Reaktoren, die bei Marineunfällen versunken sind, auf dem Meeresgrund.

Freitag

6

Samstag

7

8. Juni 1998: Trotz internationaler Proteste geht das umstrittene slowakische Atomkraftwerk Mochovce in Betrieb.

Sonntag

8

Pfingstsonntag

Juni 2025

Wichtig in dieser Woche

05:06 21:36

Montag

9

Pfingstmontag

Dienstag

10

10. Juni 2014: Kiribatis Präsident Anote Tong kauft Land auf den Fidschi-Inseln als Ausweichmöglichkeit für sein Volk, wenn durch den Klimawandel sein aus Atollen bestehendes Land untergeht. Küstengebiete erodieren bereits und eine Insel ist schon untergegangen.

Mittwoch

11 ☺

Wussten Sie schon, dass schon ein Milliardstel Gramm TCDD (Dioxin) Schäden beim Menschen hervorrufen kann?

Donnerstag

12

13. Juni 1992: Das Verkehrsministerium bestätigt den Aus- und Neubau von 11 600 Kilometern Autobahnen und Bundestraßen im nächsten Jahrzehnt.

Freitag

13

14. Juni 1988: Ein Geschworenengericht in New Jersey, USA, verurteilt eine Zigarettenfirma zur Zahlung von 400 000 Dollar an einen Witwer, dessen Frau durch aggressive Werbung zum Rauchen verführt wurde und an Lungenkrebs starb.

Samstag

14

15. Juni 1986: Mehr als 15 000 Menschen aus Frankreich, Belgien, Luxemburg und der Bundesrepublik Deutschland demonstrieren gegen den „Atompark“ Cattenom.

Sonntag

15

Juni 2025

Wichtig in dieser Woche

05:05 21:39

Montag

16

Dienstag

17

Wussten Sie, dass 10 Liter Benzin bei der Verbrennung ca. 100000 Liter Abgase produzieren?

Mittwoch

18 ☾

18. Juni 1984: In Bayern sprechen sich bei einem Volksentscheid 94 % der Bevölkerung für die Verankerung des Umweltschutzes in der Verfassung aus.

Juni 2025

Donnerstag
19
Fronleichnam[1)]

20. Juni 1995: Der Ölkonzern Shell beugt sich dem Druck von Politik und Öffentlichkeit und versenkt die Ölbohrinsel „Brent Spar“ doch nicht in der Nordsee. Allein in Deutschland waren die Umsätze an Shell-Tankstellen um 20–30 % zurückgegangen.

Freitag
20

Samstag
21
Sommeranfang

22. Juni 1984: Der niedersächsische Landtag spricht sich für die atomare Wiederaufbereitung in Niedersachsen aus.

Sonntag
22

Juni 2025

Wichtig in dieser Woche

05:06 21:42

Montag

23

Nationalfeiertag in Luxemburg

Dienstag

24

24. Juni 1984: In München beginnt die erste Ost-West-Umweltkonferenz.

Mittwoch

25 ☻

Donnerstag
26

Freitag
27

Samstag
28

Sonntag
29

Juni 2025

Wichtig in dieser Woche

05:09 21:41

Montag

30

Dienstag

1

1. Juli 1984: Der Bundesgerichtshof entscheidet, dass ein Bauer, der beim Versprühen von Gift das Nachbargrundstück „mitbehandelt", dem Nachbarn Schadensersatz leisten muss.

Mittwoch

2 ☽

3. Juli 1987: Wegen Sicherheitsmängeln wird der wichtigste Teil der Atomfirma Nukem stillgelegt. - 3. Juli 2015: André Borschberg stellt mit seinem Solarflieger „Solar Impulse 2“ einen neuen Weltrekord im längsten Soloflug auf, als er in 120 Stunden vom japanischen Nagoya ohne Zwischenlandung bis nach Hawaii fliegt.

Donnerstag

3

Freitag

4

5. Juli 1991: In Malaysia werden acht Umwelt-Aktivisten festgenommen. Zwei Deutsche werden erst zwei Monate später wieder aus der Haft entlassen.

Samstag

5

6. Juli 1995: Der Bundesgerichtshof verurteilt 3 Anzeigen des Benetton-Konzerns (u. a. eine in einem Ölteppich schwimmende Ente) als sitten- und damit wettbewerbswidrig.

Sonntag

6

Juli 2025

Wichtig in dieser Woche

05:15 21:38

Montag
7

7. Juli 1996: Konstanz: Der Rechtsanwalt Horst Frank wird zum ersten grünen Oberbürgermeister Deutschlands gewählt.

Dienstag
8

8. Juli 1988: Eine Studie berichtet, dass sich in den Uranabbaugebieten der DDR die Krebstodesfälle häufen.

Mittwoch
9

9. Juli 1985: Ein evangelischer Pfarrer aus der Gemeinde Hindelang/Oberallgäu will jedem einen Kasten Bier spendieren, der ihn durch 500 m Bergwald führt, in dem mindestens 50 % der Fichten noch gesund sind.

10. Juli 1976: In Seveso/Italien kommt es zu einem Unglück im Icmesa-Chemiewerk, bei dem große Mengen Dioxin in die Umwelt gelangen.

Donnerstag

☺ 10

Freitag

11

Samstag

12

Sonntag

13

Juli 2025

Wichtig in dieser Woche

05:22 21:33

Montag

14

14. Juli 1994: Tod des Journalisten, Zukunftsforschers und Warners vor den Gefahren der Atomenergie Robert Jungk (geb. 11.5.1913).

Dienstag

15

Mittwoch

16

Donnerstag

17

18. Juli 2012: Die NASA veröffentlicht Satellitenbilder, die zeigen, dass vom Petermann-Gletscher in Grönland ein riesiges Stück Eis in der doppelten Größe von Manhattan abgebrochen ist.

Freitag

☾ 18

19. Juli 1982: In Brighton (England) wird ein weltweiter Stopp des kommerziellen Walfangs beschlossen.

Samstag

19

20. Juli 1988: Die Minister Töpfer und Riesenhuber erklären auf einer Pressekonferenz, sie wollen „politisch motivierte Verzögerungen des Genehmigungsverfahrens für den Schnellen Brüter in Kalkar unterbinden".

Sonntag

20

Juli 2025

Wichtig in dieser Woche

05:31 21:25

Montag

21

21. Juli 1969: Neil Armstrong betritt um 3.56 MEZ als erster Mensch den Mond.

Dienstag

22

22. Juli 1988: Der britische Energieminister legt den Schnellen Brüter in Dounreay (Schottland) still, weil er unnötig und unwirtschaftlich ist.

Mittwoch

23

24. Juli 1988: Mit Menschenketten demonstrieren Zehntausende für eine saubere Nordsee.

Donnerstag

☻ 24

Freitag

25

26. Juli 1994: In Hessen wird erstmals für ein ganzes Bundesland Ozonalarm ausgelöst.

Samstag

26

Sonntag

27

Juli 2025

Wichtig in dieser Woche

05:41 21:15

Montag
28

28. Juli 1968: Der deutsche Chemiker Otto Hahn, der Entdecker der Kernspaltung, stirbt in Göttingen.

Dienstag
29

Mittwoch
30

August 2025

Donnerstag

31

Freitag

☽ **1**

Bundesfeier in der Schweiz

---

2. August 1988: Die US-amerikanische Umweltbehörde (EPA) ordnet für die Produktion von Fluor-Chlor-Kohlenwasserstoffen (FCKW) Beschränkungen gemäß dem Montrealer Protokoll von 1987 an.

Samstag

2

Sonntag

3

August 2025

Wichtig in dieser Woche

05:51 21:04

Montag

4

4. August 2014: Neuseeland hat erstmals den Klimawandel als Asylgrund akzeptiert. Die Familie Alesana aus Tuvalu hatte es beantragt, weil ihre Heimatinsel im Meer zu versinken droht.

Dienstag

5

Mittwoch

6

6. August 2024: Ukainische Truppen dringen in Rußland ein.
6. August 1945: Atombombenabwurf auf Hiroshima.

7. August 1988: Ein Gutachten des Deutschen Instituts für Wirtschaftsforschung (DIW) stellt fest, dass der Verzicht auf Atomstrom wirtschaftlich möglich wäre.

Donnerstag

7

8. August 1989: Die „New York Times" berichtet, dass in den USA Arbeiter verschiedener Atomkraftwerke zum Psychiater geschickt worden seien, als sie sich über mangelnde Sicherheitsvorkehrungen beschwerten.

Freitag

8

9. August 2002: Ein Jahrhunderthochwasser überschwemmt weite Teile Deutschlands.

Samstag

☺ **9**

Sonntag

10

August 2025

Wichtig in dieser Woche

06:02 20:51

Montag
11

Dienstag
12

Mittwoch
13

13. August 1996: Greenpeace präsentiert ein eigenes Drei-Liter-Auto, einen umgebauten Renault „Twingo Easy", dessen Verbrauch bei nur 3,21 l Kraftstoff auf 100 km liegt.

14. August 1991: Aus dem „Sofortbericht Bitterfeld" geht hervor, dass 80 Prozent der Bevölkerung in dieser Region an Atemwegserkrankungen leiden.

Donnerstag

14

15. August 2022: In Pakistan überschwemmen sintflutartige Regenfälle ein Drittel des Landes, Zehntausende Häuser werden weggespült, Tausende Menschen sterben.

Freitag

15

Mariä Himmelfahrt[1)]

16. August 1989: Die Landesregierung von NRW legt das Atomkraftwerk in Hamm-Uentrop still.

Samstag

☾ **16**

Sonntag

17

1) Gesetzlicher Feiertag in: Bayern in Gemeinden mit überwiegend katholischer Bevölkerung, Saarland, – Österreich, Schweiz (teilweise), Luxemburg.

August 2025

Wichtig in dieser Woche

06:13 20:38

Montag

18

18. August 1992: Frankreich verbietet die Einfuhr ausländischen Hausmülls, nachdem die illegale Beimengung von deutschem Klinikmüll bekannt wurde.

Dienstag

19

19. August 1994: Das BVG entscheidet, dass Gemeinden grundsätzlich eine Verpackungssteuer auf Einweggeschirr und Dosen erheben dürfen.

Mittwoch

20

Donnerstag

21

22. August 2020: Heute war der Earth Overshoot Day. Alle nachhaltig nutzbaren Ressourcen der Erde wurden aufgebraucht. Seit dem 22.8.20 leben wir auf Pump.

Freitag

22

23. August 1988: Das unabhängige World Watch Institute stuft das Fahrrad unter ökologischen und ökonomischen Gesichtspunkten als das zukunftsträchtigste Verkehrsmittel ein.

Samstag

☻ **23**

Sonntag

24

August 2025

Wichtig in dieser Woche

06:24 20:23

Montag

25

Dienstag

26

Mittwoch

27

28. August 1986: Der SPD-Parteitag in Nürnberg beschließt den Ausstieg aus der Kernenergie innerhalb der nächsten zehn Jahre.

Donnerstag

28

Freitag

29

Samstag

30

Sonntag

☽ **31**

September 2025

Wichtig in dieser Woche

06:35 20:08

Montag

1

1. September 1991: Nach wochenlangen Boykottaktionen haben Schüler in Göttingen die Einwegverpackungen für Pausenmilch aus den Schulen verbannt.

Dienstag

2

Mittwoch

3

4. September 1988: Mit kilometerlangen Menschenketten wird im Baltikum gegen die Ostseeverschmutzung protestiert.

Donnerstag

4

Freitag

5

Samstag

6

7. September 1988: Das Atommüll-Zwischenlager in Gorleben darf ab dato benutzt werden.

Sonntag

☺ **7**

September 2025

Wichtig in dieser Woche

06:46 19:52

Montag

8

Dienstag

9

Mittwoch

10

10. September 1991: Bundesumweltminister Töpfer teilt die Stilllegung des Atomkraftwerkes in Greifswald mit.

September 2025

11. September 1992: Nach Beobachtungen des französischen Satelliten SPOT wurde fast ein Drittel des Regenwaldes auf der indonesischen Insel Sumatra abgeholzt.

Donnerstag

11

Freitag

12

Samstag

13

Sonntag

☾ **14**

September 2025

Wichtig in dieser Woche

06:57 19:36

Montag

15

15. September 2014: „Jedes kleine Stück Kunststoff der letzten 50 Jahre, das ins Meer gelangte, ist noch immer dort", berichtet Tony Andrady, Chemiker, in einem Artikel über über das sog. Great Pazific Garbage Patch, einen riesigen Plastikmüllteppich, der im Pazifik schwimmt.

Dienstag

16

16. September 1991: Griechische Umweltschützer erreichen, dass das Sprühen von Pestiziden aus der Luft auf der Insel Korfu untersagt wird.

Mittwoch

17

18. September 1984: Bundesinnenminister Zimmermann kündigt an, dass ab 1.1.1989 in der Bundesrepublik die strengen US-Abgasnormen gelten sollen. (Dies konnte wegen der EG-Verträge nicht durchgesetzt werden.)

Donnerstag

18

19. September 1990: Deutschland wird chemiewaffenfrei. – 19. September 1991: Rund 200 Vertreter der wichtigsten Bürgerrechtsbewegungen der früheren DDR schließen sich zum „Bündnis 90" zusammen.

Freitag

19

20. September 2014: Der Spiegel mahnt in einem Artikel, dass in Syrien durch die Folgen des Krieges Grundwasser und Böden auf Jahrzehnte vergiftet sind.

Samstag

20

Sonntag

☻ **21**

September 2025

Wichtig in dieser Woche

07:08 19:20

Montag

22

Herbstanfang

22. September 1987: Mit gentechnischen Methoden ist in Australien ein „Superschaf" entwickelt worden, das eineinhalbmal so groß werden kann wie das normale Wolltier und viel schneller wächst.

Dienstag

23

23. September 2019: Die schwedische Klimaschutzaktivistin Greta Thunberg (geb. 2003), Initiatorin der Bewegung „Fridays for Future", hält eine „Wutrede" beim UN-Klimagipfel in New York.

Mittwoch

24

September 2025

Donnerstag

25

26. September 1991: Die Bürgermeister der sieben bewohnten Inseln Ostfrieslands einigen sich darauf, Getränkedosen von den Inseln zu verbannen.

Freitag

26

Samstag

27

28. September 1986: Fünf Monate nach dem Super-GAU wird der erste Reaktorblock von Tschernobyl wieder in Betrieb genommen.

Sonntag

28

September 2025

Wichtig in dieser Woche

07:19 19:04

Montag

29

Dienstag

30 ☽

Mittwoch

1

1. Oktober 1986: Durch Kontakt mit einem Schädlingsbekämpfungsmittel sind im Naturpark Donana (Andalusien/Spanien) mindestens 27000 Zugvögel getötet worden. - 1. Oktober 2013: Beim Fußballspiel Basel gegen Schalke seilen sich 30 Greenpeaceaktivisten mit einem riesigen Banner ab, auf dem sie gegen Ölbohrungen in der Arktis von Schalke- und UEFA-Sponsor Gazprom protestieren.

Donnerstag

2

Freitag

3

Tag der Deutschen Einheit

Samstag

4

Sonntag

5

Erntedankfest

Oktober 2025

Wichtig in dieser Woche

07:31 18:48

Montag

6

6. Oktober 1986: Der nordrhein-westfälische Landwirtschaftsminister gibt bekannt, dass in NRW jede zweite Eiche in ihrem Bestand gefährdet ist.

Dienstag

7 ☺

7. Oktober 2023: Die Hamas dringt unerwartet in Israel ein, massakriert 1200 Menschen und verschleppt 250 Geiseln nach Gaza.

Mittwoch

8

Oktober 2025

9. Oktober 1990: Nach Angaben des Deutschen Forstvereins hat sich das Waldsterben dramatisch beschleunigt. Beispielsweise sind 81% der Buchen und 75% der Eichen geschädigt.

Donnerstag 9

10. Oktober 1987: 30 000 AKW-Gegner demonstrieren gegen die WAA Wackersdorf.

Freitag 10

Samstag 11

12. Oktober 1990: Die Gesellschaft für Strahlenschutz gibt an, dass seit 1946 400 000 DDR-Kumpel aus dem Uranbergbau radioaktiv verseucht worden sind.

Sonntag 12

Oktober 2025

Wichtig in dieser Woche

07:42 18:33

Montag

13 ☾

Dienstag

14

14. Oktober 1985: Das Zwischenlager für schwach radioaktive Abfälle in Gorleben erhält eine neue Betriebserlaubnis vom Gewerbeaufsichtsamt in Lüneburg.

Mittwoch

15

16. Oktober 1992: Block 3 des KKW Tschernobyl geht wieder ans Netz.

Donnerstag
16

17. Oktober 1983: Bei Brunsbüttel wird die Windanlage „Growian“ in Betrieb genommen.

Freitag
17

18. Oktober 1994: In Serre bei Salerno wird das größte Sonnenenergie-Kraftwerk der Welt mit Photovoltaik-Technologie – sie wandelt Sonnenlicht direkt in Strom um – in Betrieb genommen.

Samstag
18

Sonntag
19

Oktober 2025

Wichtig in dieser Woche

07:54 18:18

Montag

20

Dienstag

21

Mittwoch

22

Donnerstag

23

24. Oktober 1986: Trotz zahlreicher Proteste der Nachbarländer wird das Kernkraftwerk Cattenom (Frankreich) in Betrieb genommen.

Freitag

24

25. Oktober 1984: An der brasilianisch-paraguayanischen Grenze wird das Wasserkraftwerk Itaipa eingeweiht, für das eine umfangreiche Regenwaldfläche vernichtet wurde.

Samstag

25

Sonntag

26

Nationalfeiertag in Österreich

Ende der Sommerzeit

Oktober 2025

Wichtig in dieser Woche

07:06 17:04

Montag

27

Dienstag

28

Mittwoch

29 ☽

Wussten Sie, dass in Deutschland von den hier existierenden 500 Wirbeltierarten etwa die Hälfte vom Aussterben bedroht bzw. schon ausgestorben ist?

1) Gesetzlicher Feiertag in Brandenburg, Bremen, Hamburg, Mecklenburg-Vorpommern, Niedersachsen, Sachsen, Sachsen-Anhalt, Schleswig-Holstein, Thüringen

30. Oktober 1990: Es wird bekannt, dass durch die ca. 300 sowjetischen Atomversuche in Semipalatinsk in Kasachstan etwa eine halbe Million Menschen radioaktiv verseucht worden sind und dass in dieser Region jedes dritte Kind mit Missbildungen geboren wird.

Donnerstag

30

Freitag

31

Reformationstag[1]

1. November 1992: Ab dato ist in Frankreich das Rauchen an öffentlichen Plätzen untersagt.

Samstag

1

Allerheiligen[2]

Sonntag

2

2) Gesetzlicher Feiertag in Baden-Württemberg, Bayern, Nordrhein-Westfalen, Rheinland-Pfalz, Saarland, – Österreich, Schweiz (teilweise), Luxemburg.

November 2025

Wichtig in dieser Woche

07:19 16:52

Montag 3

3. November 1988: Der Düsseldorfer Landwirtschaftsminister gibt bekannt, dass seit Aufdeckung des Hormonskandals 8962 Kälber getötet worden sind.

Dienstag 4

4. November 1987: Im US-Staat South Carolina werden zum Zweck der experimentellen Erprobung genetisch manipulierte Mikroorganismen freigesetzt.

Mittwoch 5 ☺

5. November 1996: Erstmals werden vermutlich gentechnisch veränderte Sojabohnen aus US-Anbau per Frachter nach Deutschland eingeführt.

Donnerstag

6

7. November 1989: Die Begrenzung des Kohlendioxid-Ausstoßes durch die internationale Klimakonferenz in Nordwijk wird durch den Widerstand der USA, der UdSSR und Japans verhindert.

Freitag

7

Samstag

8

9. November 1989: Die DDR öffnet ihre Grenzen.

Sonntag

9

November 2025

Wichtig in dieser Woche

07:31 16:40

Montag
10

10. November 1995: Der Dichter Ken Saro-Wiwa, der gegen die Verschmutzung des Ogonilandes durch den Shell-Konzern protestiert hatte, wird in Nigeria mit acht weiteren Ogoni gegen internationalen Protest hingerichtet.

Dienstag
11

11. November 1990: Kopenhagen stellt 5000 Pfand-Fahrräder im Stadtgebiet bereit.

Mittwoch
12 ☾

12. November 1990: In Most (Nordböhmen) werden wegen der extremen Luftverschmutzung Atemschutzmasken an Kinder verteilt.

13. November 1983: Der Hamburger Senator Kuhbier gibt bekannt, dass Hamburg Klärschlamm aus seinen Kläranlagen in Marokko und Tunesien deponieren will.

Donnerstag
13

14. November 1981: In Wiesbaden demonstrieren 150 000 Menschen gegen die Startbahn West und geben Unterschriften für ein Volksbegehren ab.

Freitag
14

Samstag
15

Sonntag
16
Volkstrauertag

November 2025

Wichtig in dieser Woche

07:43 16:30

Montag
17

Dienstag
18

Mittwoch
19

Buß- und Bettag[1]

19. November 1961: Erstmals wird der Verdacht bekannt, dass Contergan zu Behinderungen bei ungeborenen Kindern führt.

1) Gesetzlicher Feiertag in Sachsen

November 2025

Donnerstag

☻ **20**

Freitag

21

Wussten Sie, dass auch Hummeln in vielen Gegenden vom Aussterben bedroht sind?

Samstag

22

23. November 1992: Nach ungarischen Protesten erklärt sich die CSR zu einem Baustopp des Donaukraftwerkes Gabcikovo bereit.

Sonntag

23

Totensonntag

November 2025

Wichtig in dieser Woche

07:54 16:23

Montag

24

Dienstag

25

25. November 1973: Der erste von drei autofreien Sonntagen in der Bundesrepublik Deutschland wegen der Erdölknappheit.

Mittwoch

26

Donnerstag

27

Wussten Sie, dass der „Abfall" einer Biogasanlage wertvoller Dünger ist?

Freitag

☽ **28**

29. November 1984: Basel kauft 26 neue Straßenbahnwagen, weil die Fahrgastzahl seit Einführung der Umweltmonatskarte drastisch gestiegen ist.

Samstag

29

Sonntag

30

1. Advent

Dezember 2025

Wichtig in dieser Woche

08:04 16:17

Montag
1

1. Dezember 1959: Die Antarktis wird vertraglich zur atomwaffenfreien Zone erklärt.

Dienstag
2

Mittwoch
3

3. Dezember 1984: Im indischen Bhopal setzt ein Chemiewerk Methylisozyanat sowie Phosgen und Nitrosegase frei: 3000 Menschen sterben, 300 000 leiden an Spätfolgen der Vergiftung.

4. Dezember 2019: Die Verleihung des Right Livelihood Awards („Alternativer Nobelpreis“) findet in Stockholm statt. Preisträger sind Aminatou Haidar, Guo Jianmei, Greta Thunberg und Davi Kopenawa.

Donnerstag

4

5. Dezember 1985: Australien fordert Entschädigungszahlungen von Großbritannien für die Ureinwohner, die wegen britischer Atomtests ihre radioaktiv verseuchten Wohngebiete verlassen mussten.

Freitag

☺ **5**

Samstag

6

Nikolaustag

7. Dezember 1984: Der Chef des US-Konzerns Union Carbide wird in Bhopal vorübergehend festgenommen.

Sonntag

7

2. Advent

Dezember 2025

Wichtig in dieser Woche

08:13 16:14

Montag

8

Mariä Empfängnis[1]

8.12.2016: Aufklärungsflugzeuge der NASA entdecken einen 112 km langen Riss in einem Antarktisgletscher, der den Beginn des Zerfalls dieses Gletschers und die Entstehung eines Mega-Eisberges bedeutet.

Dienstag

9

9. Dezember: Alljährliche Verleihung des alternativen Nobelpreises.

Mittwoch

10

1) Feiertag in Österreich, Schweiz teilweise

Donnerstag

☾ **11**

12. Dezember 1985: Joschka Fischer wird in Wiesbaden als erster Grüner Umweltminister vereidigt.

Freitag

12

Samstag

13

14. Dezember 1976: Die BASF verzichtet nach 9-jährigem Kampf gegen den „Atompfarrer" Günther Heipp auf ein Atomkraftwerk in Ludwigshafen.

Sonntag

14

3. Advent

Dezember 2025

Wichtig in dieser Woche

08:20 16:14

Montag
15

15. Dezember 1990: Der letzte der vier Blöcke des DDR-KKWs Greifswald wird abgeschaltet.

Dienstag
16

Mittwoch
17

17. Dezember 1992: Der Philosoph und Schriftsteller Günther Anders, bekannt für seine Zivilisationskritik, stirbt in Wien.

Dezember 2025

Donnerstag
18

Freitag
19

Samstag
☻ **20**

Sonntag
21
4. Advent
Winteranfang

Dezember 2025

Wichtig in dieser Woche

08:24 16:16

Montag

22

Dienstag

23

Mittwoch

24

Heiligabend

22. Dezember 1990: Die EG einigt sich auf strengere PKW-Abgaswerte, die aber in den USA bereits als veraltet gelten.

Donnerstag

25

1. Weihnachtstag

24. Dezember 1990: Nach einer Studie des Umwelt- und Prognose-Instituts Heidelberg (UPI) verursacht der Straßenverkehr jährlich Umweltschäden in Höhe von 298,3 Milliarden DM.

Freitag

26

2. Weihnachtstag

Samstag

☽ **27**

Sonntag

28

Dezember 2025

Wichtig in dieser Woche

08:26 16:21

Montag

29

Dienstag

30

Mittwoch

31

Silvester

Januar 2026

Donnerstag

1

Neujahr

Freitag

2

Samstag

☺ **3**

Sonntag

4

Biodiversität oder biologische Vielfalt umfasst drei Bereiche, die sehr eng miteinander verbunden sind: die Artenvielfalt, die genetische Vielfalt innerhalb der Arten und die Vielfalt der Ökosysteme wie z.B. Wälder oder Meere. Jede Art ist Teil eines hoch komplexen Beziehungsgeflechts. Stirbt eine Art aus, wirkt sich das auf viele andere Arten und ganze Ökosysteme aus.

Warum ist Biodiversität so wichtig?

Rettet den Regenwald informiert

Weltweit sind derzeit fast 2 Millionen Arten beschrieben, Experten schätzen die Anzahl weitaus höher. Tropische Regenwälder und Korallenriffe gehören zu den artenreichsten und am komplexesten organisierten Ökosystemen dieser Erde. Rund die Hälfte aller Tier- und Pflanzenarten lebt in den Tropenwäldern.

Die biologische Vielfalt ist für sich alleine schützenswert und gleichzeitig unsere Lebensgrundlage. Wir nutzen täglich Nahrungsmittel, Trinkwasser, Medizin, Energie, Kleidung oder Baumaterialien. Intakte Ökosysteme sichern die Bestäubung von Pflanzen und die Bodenfruchtbarkeit, schützen uns vor Umweltkatastrophen wie Hochwasser oder Erdrutschen, reinigen Wasser und Luft und speichern das klimaschädliche CO_2.

Der Zusammenhang zwischen dem Verlust von Natur und der Ausbreitung von Pandemien ist nicht erst seit Corona bekannt. Eine intakte und vielfältige Natur schützt uns vor Krankheiten und weiteren Pandemien.

Artenschwund, Hunger und Klimakrise

Der Zustand der Natur hat sich weltweit dramatisch verschlechtert. Rund 1 Million Tier- und Pflanzenarten sind in den nächsten Jahrzehnten vom Aussterben bedroht. Auf der Roten Liste der Weltnaturschutzunion IUCN sind derzeit 37.400 Tier- und Pflanzenarten vom Aussterben bedroht – ein trauriger Rekord! Experten sprechen von einem sechsten Massenaussterben in der Geschichte der Erde – das Tempo des globalen Artensterbens ist durch den Einfluss des Menschen um Hunderte mal höher als in den letzten 10 Millionen Jahren.

Auch zahlreiche Ökosysteme weltweit – 75 % Landfläche und 66 % Meeresfläche – sind gefährdet. Nur 3% sind ökologisch intakt – z.B. Teile des Amazonas und des Kongobeckens. Besonders betroffen sind artenreiche Ökosysteme wie Regenwälder und Korallenriffe. Rund 50 % aller Regenwälder wurden in den letzten 30 Jahren zerstört. Das Korallensterben nimmt durch den globalen Temperaturanstieg immer weiter zu.

Hauptursachen für den massiven Rückgang der Biodiversität sind die Zerstörung von Lebensraum, intensive Landwirtschaft, Überfischung, Wilderei und Klimaerwärmung. Rund 500 Milliarden US-Dollar jährlich werden weltweit in die Zerstörung der Natur investiert – in Massentierhaltung, Subventionen für Erdöl und Kohle, Entwaldung und Flächenversiegelung.

Der Verlust an Biodiversität hat weitreichende soziale und ökonomische Folgen, die Ausbeutung der Ressourcen geht zu Lasten von Milliarden Menschen im globalen Süden. Die UN kann die 17 Ziele zur nachhaltigen Entwicklung z.B. die Bekämpfung von Hunger und Armut nur erreichen, wenn die Biodiversität weltweit erhalten und für die nächsten Generationen nachhaltig genutzt wird.

Ohne den Erhalt der Biodiversität ist auch der Klimaschutz bedroht. Die Zerstörung von Wäldern und Mooren – als wichtige CO_2-Senken – heizt den Klimawandel weiter an.

Die Lösung: Weniger ist mehr!

Die natürlichen Ressourcen der Erde stehen nicht unbegrenzt zur Verfügung. Knapp zwei Erden verbrauchen wir Menschen, bei derzeitigem Ressourcenverbrauch werden es 2050 mindestens drei sein. Um für den Erhalt der biologischen Vielfalt als unse-

rer Lebensgrundlage zu kämpfen, müssen wir den Druck auf die Politik weiter erhöhen.

Und auch in unserem Alltag lässt sich viel bewegen. Mit diesen Alltags-Tipps schützt man auch die biologische Vielfalt:

- Öfter mal pflanzlich: Mehr buntes Gemüse und Tofu auf den Teller oder am besten gar kein Fleisch! Rund 80 % der Agrarflächen weltweit werden zur Tierhaltung und zum Anbau von Tierfutter genutzt.
- Regional und Bio: Ökologisch erzeugte Lebensmittel verzichten auf den Anbau von riesigen Monokulturen und den Einsatz von Pestiziden. Der Kauf von regionalen Produkten spart zudem Unmengen an Energie!
- Bewusst leben: Brauche ich schon wieder neue Klamotten oder ein Handy? Oder kann ich Alltagsdinge auch gebraucht kaufen? Es gibt gute Alternativen zu Produkten mit Palmöl oder Tropenhölzern! Tropische Haustiere wie z.B. Papageien oder Reptilien sind tabu! Berechne jetzt deinen ökologischen Fußabdruck.
- Werde Bienenfreund:in: Auf dem Balkon oder im Garten freuen sich Bienen und andere Insekten über vielfältige, leckere Pflanzen. Aber auch ohne eigenes Grün kann man in einem Naturschutzprojekt in der Region aktiv werden.
- Protest unterstützen: Demonstrationen oder Petitionen gegen die Klimaerwärmung oder für eine Agrarwende üben Druck auf Politiker aus, die auch für den Schutz der biologischen Vielfalt verantwortlich sind.

Viele Arten verschwinden, bevor sie überhaupt entdeckt wurden, weil deren Lebensraum durch den Menschen für immer zerstört wird. Experten sprechen bereits von einem sechsten Massenaussterben in der Geschichte der Erde.

Was ist Biodiversität?

Biodiversität oder auch biologische Vielfalt umfasst drei große Bereiche, die sehr eng miteinander verbunden sind: die Artenvielfalt, die genetische Vielfalt innerhalb der Arten und die Vielfalt der Ökosysteme. Zu den Ökosystemen gehören Lebensgemeinschaften und Lebensräume wie z.B. Wälder und Meere. Zur Biodiversität zählt auch die Vielfalt an Funktionen und Wechselwirkungen, mit denen Arten innerhalb der Ökosysteme miteinander in Beziehung stehen.

Wie ist die Biodiversität weltweit verteilt?

Artenvielfalt wird häufig als Synonym für Biodiversität verwendet, ist jedoch nur ein Teil davon. Die biologische Vielfalt hat sich durch Evolution in Milliarden Jahren der Erdgeschichte entwickelt.

Die biologische Vielfalt nimmt von den Polen zum Äquator hin zu, wobei die Wüsten eine Ausnahme bilden. Rund 78 % aller Arten leben an Land und 17 % im Wasser. Tropische Regenwälder und Korallenriffe sind die artenreichsten und komplexesten Ökosysteme der Erde. Rund die Hälfte aller bekannten Tier- und Pflanzenarten lebt in den Tropenwäldern, obwohl diese Wälder nur circa 13 % der Landfläche bedecken. Die Ursachen für die sehr hohe Artenvielfalt in den Regenwäldern sind wissenschaftlich noch nicht vollständig geklärt. Faktoren wie die Nährstoffarmut, ganzjährig hohe Sonneneinstrahlung und hohe Niederschläge spielen jedoch eine wichtige Rolle. Gerade durch den Mangel an Nährstoffen können sich viele unterschiedliche Arten im Regenwald entwickeln, denn aufgrund des Mangels kann keine Art überhand nehmen.

Auch der am Äquator geringere Einfluss der Eiszeiten, sowie das hohe Alter der Regenwälder – Millionen von Jahren – haben zu einer einzigartigen Artenvielfalt beigetragen. Besonders arten-

reiche Gebiete liegen in Amazonien, auf Madagaskar, in Südostasien und Teilen Süd-, West- und Zentralafrikas. Im Yasuni Nationalpark in Ecuador findet man zum Beispiel mehr Baumarten pro Hektar als in ganz Nordamerika zusammen. Und auf einem einzigen Baum leben mehr Insektenarten als in ganz Europa. Deutschland ist im Vergleich dazu ein relativ artenarmes Land.

Wie viele Arten gibt es auf der Welt?

Die genaue Anzahl der Arten ist unbekannt. Derzeit sind etwa 2 Millionen Tier- und Pflanzenarten wissenschaftlich beschrieben. Davon sind 75 % wirbellose Tiere (Insekten, Spinnentiere, Krebstiere), 4 % Wirbeltiere (Säugetiere, Fische, Amphibien, Reptilien, Vögel) und 21 % Pflanzen. Experten schätzen die Anzahl der Arten auf 5 bis 10 Millionen! Ein Bericht des Internationalen Biodiversitätsrates (IBPES) von 2019 schätzt 8 Millionen Tier- und

Pflanzenarten weltweit. Jedes Jahr werden ca. 18.000 neue Arten entdeckt. Erst 2017 wurde z.B. der Tapanuli-Orang-Utan auf Sumatra als eigene Art beschrieben.

Was sind endemische Arten?

Endemisch ist eine Art, wenn sie nur auf einem begrenzten Gebiet vorkommt, z.B. nur auf einer Insel, in einem Gebirge oder auf einem Kontinent. Endemische Arten sind zum Beispiel alle Lemurenarten auf der Insel Madagaskar. Der kleinste Primat unter ihnen ist der Berthe-Mausmaki, der erst im Jahr 2000 entdeckt wurde. Er ist bis zu 9 cm groß, rund 30 g schwer und lebt nur im Kirindy-Wald an der Westküste der Insel.

Ein weiteres Beispiel ist der Königin-Alexandra-Vogelfalter. Er ist mit 28 cm Flügelspannweite der größte Schmetterling der Welt und kommt nur auf Neuguinea vor. Seine Raupen sind auf eine einzige Futterpflanze angewiesen, die durch die Zerstörung der Regenwälder massiv bedroht ist.

Was ist ein Biodiversitäts-Hotspot?

Biodiversitäts-Hotspots sind Regionen, in denen eine große Zahl endemischer Pflanzen- und Tierarten vorkommt und deren Natur in besonderem Maße bedroht ist. Als Größenordnung gilt, dass 70 % der Fläche bereits zerstört sind.

Aktuell bedecken 34 Biodiversitäts-Hotspots zwar nur 2,4 % der Erdoberfläche, beherbergen aber 70 % der biologischen Vielfalt. In diesen Regionen lebt die Hälfte aller Pflanzenarten und 77 % aller Landwirbeltiere. Das Konzept der Biodiversitäts-Hotspots wurde von den Biologen Russell Mittermeier und Norman Myers Ende der 1980er Jahre entwickelt, um weltweite Schutzbemühungen besser zu steuern und zu bündeln.

Wo findet man Biodiversitäts-Hotspots?

Die meisten der Biodiversitäts-Hotspots liegen in den Tropen, insbesondere in Südostasien – besonders Malaysia und Indonesien –, in Westafrika, auf Madagaskar, in den Anden, in Mittelamerika und in der Karibik. Aber auch Gebiete an der Westküste der USA, in Teilen Chiles, im Mittelmeergebiet und in Neuseeland gehören dazu.

Wie wird die Biodiversität bestimmt?

Wissenschaftler auf der ganzen Welt untersuchen und zählen Tiere, Pflanzen und Lebensräume. Gemessen wird dabei sowohl die Anzahl der Arten als auch die Anzahl der Individuen jeder Art pro Flächeneinheit. Mit dem Biodiversitätsindex kann man den Zustand, die Entwicklung und räumlichen Unterschiede der biologischen Vielfalt darstellen.

Weitere wichtige Merkmale zur Bestimmung der globalen Biodiversität sind z.B. die Waldfläche, der Umfang mariner Lebensräume, die Fläche von Schutzgebieten, die Wasserqualität von Meer- und Süßwasser. Aber auch das Wohlergehen von indigenen

Gemeinschaften mit traditioneller Lebensweise spielt eine wichtige Rolle.

Warum ist Biodiversität so wichtig und schützenswert?

Die biologische Vielfalt ist bereits für sich allein schützenswert und gleichzeitig unsere Lebensgrundlage. Sie kann man mit einer Bibliothek vergleichen. So wie jedes Buch zum Wissen und zu Ideen beiträgt, ist auch jede Art für die Evolution und damit auch für uns Menschen wichtig. Alle Menschen auf dieser Welt sind auf eine vielfältige Natur und intakte Ökosysteme angewiesen, denn diese liefern Nahrung, Wasser und andere Ressourcen.

Eine hohe Biodiversität macht Ökosysteme häufig produktiver und widerstandsfähiger gegen veränderte Umweltbedingungen wie z.B. Klimawandel oder Umweltverschmutzung. Der Erhalt der biologischen Vielfalt und der Schutz von stabilen Ökosystemen ist für das Überleben der Menschen unbedingt notwendig.

Hier ein Überblick über die Bedeutung von biologisch vielfältigen und intakten Ökosystemen für den Menschen:

- Nahrungsmittel – Der Mensch nutzt vielfältige Nahrungsmittel, viele davon kommen aus den Tropen z.B. Bananen, Kakao, Kaffee, Reis
- Sauberes Trinkwasser – nur 1 % der weltweiten Wasservorräte ist Trinkwasser
- Reinigung von Wasser und Luft – z.B. durch Pflanzen und Mikroorganismen
- Medizin – ca. 70.000 Pflanzenarten kommen aus der „Apotheke Regenwald“
- Kleidung – Baumwolle, Wolle, Leder, Felle/Pelz
- Bestäubung von Pflanzen – ohne Bestäubung durch Insekten oder Fledermäuse wachsen keine oder nur kleine Früchte d.h. es gäbe auch weniger Obst und Gemüse

- Verbreitung von Samen – Vögel, Fledermäuse und Affen spielen eine besondere Rolle bei der Verbreitung von Samen. Stirbt eine Art aus, verschwinden auch andere Tier- und Pflanzenarten und das hat fatale Folgen für das gesamte Ökosystem.
- Bodenfruchtbarkeit – vielfältige Böden sorgen für gesunde Nahrungsmittel
- Kreisläufe – z.B. Vögel fressen Käfer und Raupen, Marienkäfer fressen Blattläuse; fehlen die natürlichen Feinde, gerät das Ökosystem aus dem Gleichgewicht und die Schädlinge vermehren sich schnell
- Schutz vor Umweltkatastrophen – Hochwasser oder Erdrutsche z.B. Mangrovenwälder an Küsten schützen vor Sturmschäden und Überschwemmung
- Speichern von klimaschädlichem Kohlenstoff – z.B. Regenwälder speichern 6x mehr Kohlenstoff als heimische Wälder
- Schutz vor Krankheiten und weiteren Pandemien – 70 % aller Keime, an denen Menschen erkranken, kommen ursprünglich aus dem Tierreich
- Heimat und spiritueller Ort indigener Völker – die Wälder und das Überleben der Ureinwohner ist weltweit akut bedroht

90 % der Waldvernichtung

In den Tropen gehen mehr als 90 Prozent der Waldvernichtung auf das Konto der Landwirtschaft. Ein großer Teil der Flächen wird allerdings nicht bepflanzt oder beweidet, sondern bleibt ungenutzt.

Eine internationale Studie, die in der Fachzeitschrift Science veröffentlich wurde, setzt den direkten und indirekten Anteil der Landwirtschaft an der Waldvernichtung bei 90 bis 99 Prozent an. Bisher wurde der Wert auf 80 Prozent geschätzt. Lediglich zwischen 45 und 65 Prozent der vernichteten Waldflächen werden anschließen dazu genutzt, die landwirtschaftliche Produktion auszuweiten.

„Auf einem wesentlichen Teil der entwaldeten Gebiete passiert nach der Rodung nichts", sagt Co-Autor Dr. Matthias Baumann von der Humboldt-Universität in Berlin, der sich mit dem Gran Chaco in Südamerika beschäftigt. Ihm zufolge liegt das an „Landspekulation, Bauern, denen das Geld ausgeht, oder präventiver Entwaldung aus Angst, dass diese Praxis in Zukunft illegal wird".

Palmöl, Fleisch und Soja

Lediglich eine Handvoll Rohstoffe ist für den Großteil der Entwaldung verantwortlich – Palmöl, Fleisch und Soja, das vorwiegend als Viehfutter verwendet wird.

Die Studie bedeutet für den praktischen Schutz der Tropenwälder, dass sich entwaldungsfreie Lieferketten nach Europa und nachhaltige ländliche Entwicklung in den Tropen ergänzen müssen.

Biokraftstoffe stoppen: Kein Essen in den Tank

Die Lebensmittelpreise steigen nach Angaben der Weltbank bereits seit Mitte 2020, und diese Entwicklung hat sich durch den Ukraine-Krieg massiv verschärft. Auch die Preise für Benzin und

Diesel an den Tankstellen markieren Höchststände. Dem dort verkauften Diesel sind durchschnittlich sieben Prozent Biodiesel und dem Benzin zwischen fünf (E5) und zehn Prozent (E10) Ethanol beigemischt.

Während eine drastische Senkung der Biokraftstoffproduktion große Auswirkungen auf das Lebensmittelangebot und die Preise hätte, wären die Auswirkungen auf das Kraftstoffangebot sehr begrenzt, argumentieren drei hohe Funktionäre der Organisation für wirtschaftliche Zusammenarbeit und Entwicklung (OECD) in der Financial Times. Denn der Energieverbrauch unserer Autos ist sehr hoch, weshalb große Mengen Lebensmittel in Ethanol und Biodiesel umgewandelt werden müssen, um damit nur wenige Kilometer fahren zu können:

Um einen Liter Ethanol herzustellen, benötigt man etwa 2,5 kg Getreide wie Weizen. Mit dieser Menge Weizen kann sich eine Person 4,5 Tage ernähren: Denn 1 kg Weizen enthält 3.580 Kalorien, während ein Mensch etwa 2.000 Kalorien pro Tag benötigt.

Ethanol enthält ein Drittel weniger Energie als Benzin, weshalb mit E10 betankte Fahrzeuge durchschnittlich 3 bis 4 % weniger Fahrkilometer als mit reinem Benzin erreichen. In machen Ländern wie Brasilien wird sogar 100 %iger Ethanolkraftstoff (E100) verkauft, mit dem dafür gebaute Autos mit besonderen Motoren (Flex fuel) fahren können. Mit einem Liter reinem Ethanol kann ein Mittelklasseauto ca. 8,5 km fahren. Das bedeutet mit dem aus einen Kilogramm Weizen hergestellten Ethanol lassen sich etwa 3,4 Kilometer im Auto zurücklegen.

Zahlen zur Produktion von Ethanol und Biodiesel

sowie den dazu eingesetzten Rohstoffen: Weltweit werden pro Jahr 2,6 Milliarden t Getreide und über 200 Mio. t Pflanzenöle produziert (UFOP 2022).

Ethanol

Für die 110 Mrd. Liter Ethanol, die weltweit jährlich (2019) erzeugt werden, werden 168 Mio. t Getreide und Zuckerpflanzen eingesetzt. Als Rohstoffe dafür dienen in den USA Mais, in Brasilien Zuckerrohr und in der EU vor allem Weizen, Roggen und Gerste.

Biodiesel

Für die 46 Mio. t Biodiesel (umgerechnet etwa 52 Milliarden Liter), die jährlich (2019) weltweit produziert werden, werden als Rohstoffe eingesetzt:

18 Mio. t Palmöl (39 %)
11,5 Mio. t Sojaöl (25 %)
6,4 Mio. t Rapsöl (14 %)
5,1 Mio. t Altspeisefette (Used Cooking Oil) (11 %)
2,8 Mio. t tierische Fette (6 %)
2,3 Mio. t weitere Rohstoffe (5 %

Deutschland

Nach Angaben des Bundesumweltministeriums gehen etwa vier Prozent des gesamten Energieverbrauchs im Straßenverkehr auf Biokraftstoffe zurück, die aus Nahrungs- und Futtermittelpflanzen gewonnen werden. „Diese Energiemenge entspricht etwa 9,8 Millionen Tonnen an Rohstoffen wie Weizen, Raps, Mais und Soja", so das Ministerium. Zudem werden 91 % der dafür eingesetzten Rohstoffe aus dem Ausland importiert. Die Bundesregierung arbeitet deshalb daran, die Produktion von Biokraftstoffen einzuschränken. Es laufen bereits Abstimmungen zwischen den verschiedenen Ministerien für Wirtschaft, Landwirtschaft, Umwelt und Entwicklung.

EU

Biodiesel: In der EU werden jährlich etwa 19 Mio. t Pflanzenöle erzeugt, hauptsächlich Raps (50%), Sonnenblumen (18%) und

Soja (15 %) (BLE 2021). Die Produktion von Biodiesel und hydrierten Pflanzenölen (HVO) beläuft sich jährlich auf ca. 15 Mio. Tonnen, wobei ein erheblicher Teil der Rohstoffe importiert wird. Dafür werden jährlich eingesetzt:

5,7 Mio. t Rapsöl (38 %)
4,5 Mio. t Palmöl (30 %)
0,9 Mio. t Sojaöl (6 %)
0,5 Mio. t Sonnenblumenöl (3 %)
2,3 Mio. t Altspeisefette (Used Cooking Oils) (15 %)
0,6 Mio. t tierische Fette (4 %)

Ethanol: Laut der Europäischen Kommission gehen etwa 8 % (20 Mio. t) des Getreides in die Produktion von Ethanol. Daraus wurden 5,2 Milliarden Liter Ethanol produziert.

USA

In den USA werden jährlich aus fast 100 Millionen Tonnen Mais – über ein Drittel der Ernte – rund 56 Milliarden Liter Ethanol (15 Milliarden Gallonen) produziert. 40 % des produzierten Sojaöls geht in die Herstellung von Biodiesel.

Brasilien

In Brasilien gehen 39 % der Pflanzenölernte in die Produktion von Biodiesel und 54 % des Zuckerrohrs wurden zu 32 Milliarden Litern Ethanol verarbeitet.

Indonesien

In Indonesien gehen 25 % der Palmölernte in die Produktion von Biodiesel. Die Beimischungsquote beträgt 30 %.

An: Regierungen der USA, Europäische Union und die Regierungen ihrer Mitgliedsländer, Brasilien, Indonesien, China, Kanada, Malaysia und Argentinien.

Sehr geehrte Damen und Herren,

bitte beenden Sie unverzüglich die gesetzlich vorgeschriebene Beimischung von aus Pflanzenölen, Getreide und Zuckerpflanzen produzierten Biokraftstoffen zum Diesel und Benzin.

Die Vereinten Nationen (UN) warnen vor einer dramatischen Verknappung von Grundnahrungsmitteln wie Getreide und Speiseölen, weiter stark steigenden Preisen und sogar vor Hungersnöten und Aufständen.

Lebensmittel in den Tank von Fahrzeugen zu stecken, ist unter diesen Umständen völlig unverantwortlich. Das Recht auf Nahrung und die Ernährungssouveränität müssen für alle Menschen durchgesetzt werden.

Zudem sind Biokraftstoffe weder umweltfreundlich noch klimaneutral. Der Anbau der Rohstoffe verbraucht enorme Mengen Düngemittel, Pestizide und Wasser, nimmt riesige Landflächen in Beschlag und die öden Monokulturen sind eine der Hauptursachen des Artensterbens. In den Tropen treibt der Anbau von Ölpalmen, Soja und Zuckerrohr für Biosprit die Abholzung der Regenwälder voran.

Mit freundlichen Grüßen

Vorname Nachname Adresse Unterschrift

Bitte senden Sie die unterschriebene Petition an Rettet den Regenwald e.V., Jupiterweg 15, 22391 Hamburg, die die Petition weiterleiten oder gehen Sie auf die Homepage www.regenwald.org und nehmen Sie dort an einer online-Petition teil.

Dubiose Geschäfte mit der Natur

Weltweit sind sich Politiker einig: Die biologische Vielfalt der Erde muss dringend geschützt werden. Doch die Strategie der EU läuft diesem Konsens zuwider: Sie setzt auf weitere Ausbeutung der Rohstoffe. Ein Kommentar von unserer Lateinamerika-Expertin Guadalupe Rodríguez.

Biodiversität ist das Rückgrat des Lebens. Sie ist für den Menschen ebenso wichtig wie für den Umwelt- und Klimaschutz. Das schreibt der Europäische Rat auf seiner Webseite. Und schließt sich den Beschlüssen der Staatengemeinschaft auf der UN-Biodiversitätskonferenz im Dezember 2022 in Montréal an.

Die Länder und die EU-Kommission sind sich der Bedrohung der biologischen Vielfalt bewusst – und wie dringlich der Schutz und die Wiederherstellung zerstörter Natur sind. Internationale Zusammenarbeit hat eine große Bedeutung für die Bewahrung dieser Vielfalt. Doch im Mittelpunkt der politischen Strategie steht die Wirtschaft, deren Ansichten die Entscheidungsfindung innerhalb der EU beeinflussen.

So fordert die Kommission die Regierungen auf, „auf die Stimme der Unternehmen zu hören“. Ihre Botschaft lautet: „Wir müssen verstehen, dass wir es mit Naturkapital zu tun haben, dem Grundkapital unserer Gesellschaft.“

Die Idee: Die Regierungen sollen die vorgeschlagenen Maßnahmen übernehmen – dazu gehört auch, das Artensterben zu beenden. Denn laut der Weltnaturschutzunion IUCN sind eine Million Tier- und Pflanzenarten vom Aussterben bedroht, viele davon bereits in den nächsten Jahrzehnten.

Allerdings hat die Europäische Kommission ein klares Interesse daran, dass Unternehmen in die Natur und die biologische Vielfalt „investieren“. Und so wird ihnen auch stets ein privilegierter Platz – und Einfluss – auf politischen Veranstaltungen eingeräumt.

Ein Beispiel für diese Art von Politik ist der letzte COP28-Klimagipfel in Dubai, an dem die größten Ölgesellschaften der Welt teilnahmen und mitbestimmten. Das ist eine klare Einflussnahme privater Interessen auf das Gemeinwohl. Diese Art und Weise, Politik zu machen, kritisieren mit uns viele Umweltorganisationen.

Natur ist keine Ware, die man zu Geld machen kann. Die Zivilgesellschaft muss viel tun, um diese monetäre Sichtweise auf die Natur und die biologische Vielfalt zu ändern.

Deshalb ist es für uns wichtig, über den Schutz der Natur, der biologischen Vielfalt und der Wälder in all ihren Dimensionen mit unseren Partnerorganisationen zu diskutieren und aktiv zu bleiben. Bei Rettet den Regenwald halten wir die es für die falsche Lösung, die Natur als reine Geldquelle zu betrachten. Unsere Strategie ist, die Natur als Natur zu verteidigen.

Denn sie bietet den Gemeinschaften, die auf Wälder, Wasser und Land angewiesen sind, eine Lebensgrundlage. Natur ist keine Ware, die gekauft und an den Meistbietenden verkauft werden kann.

Afrika hat am wenigsten zur Klimakrise beigetragen und leidet am meisten darunter. Jetzt soll der Kontinent mit zweifelhaften Projekten als Reparaturbetrieb herhalten: Savannen werden für falsch verstandenen Klimaschutz aufgeforstet, Wälder zu reinen Kohlenstoff-Speichern degradiert. Dabei ist auch die Bewahrung der Artenvielfalt unverzichtbar.

Löwen mögen keine Wälder

Viel Geld für den Klimaschutz ist eine gute Sache – würde es nicht für törichte Projekte verschleudert. Dass immense Summen nicht unbedingt gut für die Natur und das Klima sind, zeigen Projekte von Firmen wie Blue Carbon.

Wie bei der Savannenaufforstung klingt der Plan einfach – und ist doch gefährlich. Das Schlüsselwort heißt Kohlenstoff-Zertifikate, auf Englisch Carbon Credits.

Dabei wird behauptet, Projekte zur Bewahrung der Wälder schützten das Klima. Das Problem: Carbon Credit-Geschäfte halten selten, was sie versprechen. So sind zuweilen mit Millionensummen „geschützte“ Wälder auch ohne die Projekte nicht bedroht. Oder statt des „geschützten“ Gebiets wird schlicht der benachbarte Wald gerodet. Zudem werden Wälder zu Kohlenstoff-Speichern reduziert und ihre Rolle für Tiere und Pflanzen unterschätzt. Für das Klima und die Natur ist nichts gewonnen.

Ausverkauf von Liberias Natur

Zum Beispiel in Liberia: Das Land verfügt über üppige tropische Regenwälder, die Schimpansen, Zwergflusspferden und Waldelefanten Lebensräume bieten. Umweltschützer wie die der *Wild Chimpanzee Foundation*, ein Partner von *Rettet den Regenwald*, setzen sich seit Jahren dafür ein, die Wälder für die Menschenaffen zu bewahren. So schicken sie Eco-Guards, die aus den Dörfern am Rande der Nationalparks Grebo-Krahn und Sapo stammen, zu Patrouillen los.

Plötzlich ist die Firma Blue Carbon – im Besitz von Dubais königlicher Familie – aufgetaucht und behauptet, mit dem Verkauf von Carbon Credits Wald und Klima zu schützen. Eine Million Hektar Land will sie sich dafür sichern. Die Menschen, die dort im Einklang mit der Natur leben, wurden nicht gefragt. Aus seinem klimaschädlichen Öl-Geschäft will Dubai zudem nicht aussteigen. Der Deal ist vorgeschoben, um das Klima weiter ruinieren zu dürfen.

Ob Savannenaufforstung oder Carbon Credits – was wir brauchen, ist echter Wald- und Klimaschutz! Dazu gehört, rasch aus fossilen Energien auszusteigen. Die Bewahrung der Regenwälder darf kein Feigenblatt sein.

Löwen mögen keine Wälder

Der Plan ist einleuchtend – aber falsch. Groß denkende Klimaschützer wollen in Savannen

Bäume pflanzen, und zwar viele Millionen – um Kohlenstoff aus der Atmosphäre aufzunehmen und so das Klima zu bewahren. Doch sie missachten dabei, dass in Grasländern von Natur aus wenige Bäume wachsen. Denn Savannen sind keine verhinderten oder degradierten Wälder, sondern vielfältige Ökosysteme, Lebensraum ungezählter Tier und Pflanzenarten und hervorragende Klimaschützer.

Besonders eindrucksvoll sind die Savannen Ostafrikas, durch die riesige Herden von Gnus und Zebras ziehen, durch die Löwen streifen, wo Termiten mannshohe Bauten errichten. Auch im Untergrund brechen Savannen Rekorde: In Wurzeln und Knollen lagern Pflanzen einen Großteil ihres Kohlenstoffs.

Werden dort massenweise Schatten spendende Bäume gepflanzt, ändert sich das grundlegend: Etliche Pflanzenarten bevorzugen direktes Sonnenlicht. Werden sie verdrängt, verschiebt sich auch der Lebensraum der Tiere, die sie vertilgen. Manchem Jäger entgeht so die Beute. Anders gesagt: Löwen mögen keine Wälder.

Trotzdem könnten bald allein in Afrikas Savannen auf einer Fläche doppelt so groß wie Deutschland Bäume gepflanzt werden, die ökologischen Schaden anrichten. Dann nämlich, wenn alle Projekte des Mega-Programms ***African Forest Landscape Restoration Initiative*** (AFR 100) umgesetzt werden. Bei AFR geht es neben Bäumen ums Geld. Mehrere Hundert Millionen Euro werden dafür ausgegeben, ein stattlicher Anteil davon aus Deutschland.

Mathias von Mirbach ist Landwirt. Mit Kreislaufwirtschaft und Solidarischer Landwirtschaft stellt er nicht nur Lebensmittel her, sondern stiftet auch Gemeinschaft.

Geben und Nehmen

Ein Bericht von Maren Preiß

Einige der Ideen, mit denen Mathias von Mirbach den Kattendorfer Hof in die Zukunft führen will, sind fast so alt wie die Menschheit. Denn der 65-jährige Landwirt aus Schleswig-Holstein denkt in Kreisen -- so wie es Generationen von Landwirten vor ihm getan haben. Wer in Kreisen denkt, begreift die Natur als Partnerin und weiß um das uralte Gesetz der Wechselwirkung: kein Nehmen ohne Geben, kein Schöpfen ohne In-Resonanz-Treten, Wahrnehmen und Pflegen.

Nur so, glaubt von Mirbach, werden auch zukünftige Generationen noch gesunde Lebensmittel auf fruchtbaren Äckern anbauen können. »Die industrielle Landwirtschaft wird nicht in der Lage sein, die Menschheit zu ernähren«, sagt der Hofgründer. »In 50 Jahren werden ihre Böden erschöpft sein.«

Die Agrarwelt von heute ist das Ergebnis von Glaubensvorstellungen, die mit der industriellen Landwirtschaft Einzug in die Köpfe gehalten haben: Größe und Masse sind lukrativer als Klasse und die Sorge um Umwelt, Tierwohl und Biodiversität. Auf dem Kattendorfer Hof, einem Vollversorgerhof mit zwei Standorten, demonstrieren Mathias von Mirbach und sein Team, wie es anders gehen kann.

Der Hof arbeitet nach den Prinzipien der Kreislaufwirtschaft und der Solidarischen Landwirtschaft, **Solawi** genannt. Rund 650 Mitglieder; die meisten aus Hamburg, unterstützen den Betrieb langfristig mit monatlichen Zahlungen. Im Gegenzug erhalten sie Gemüse sowie Fleisch- und Milchprodukte aus ökologischem

Anbau. Viele von ihnen folgen mehrmals im Jahr den Einladungen der Landwirte und Gärtner zum gemeinsamen Pflanzen und Ernten, zum Holz- oder Steinesammeln. Einen Höhepunkt bildet die Karottenernte im Herbst, zu der viele Städter ihre Kinder mitbringen. Neben den guten Produkten und der Nähe zum Hof und seinen Menschen schätzen die Solawi-Mitglieder besonders den Beitrag, den der Hof zum Umwelt- und Klimaschutz leistet.

Auf dem Kattendorfer Hof mit seinen 435 Hektar Land werden nur so viele Kühe gehalten, wie der Hof selbst ernähren kann, rund 70. Sie erhalten ausschließlich Futter, das auf dem Hof hergestellt wird, hauptsächlich Gras und Klee. Doch bevor der Klee die Kühe nährt, nährt er den Boden: Über eine Symbiose mit Wurzelknöllchenbakterien bindet die Pflanze Stickstoff aus der Atmosphäre und führt ihn dem Boden zu. Dasselbe gilt für die anderen Leguminosen wie Ackerbohnen, Felderbse und Luzerne.

»...Sofern Sie keine Vorerkrankungen haben.«

Sie bilden nicht nur einen wichtigen Bestandteil in der sechsjährigen Fruchtfolge, ihre Blüten bieten auch den Insekten Nahrung.

Das Deutsche Schwarzbunte Niederungsrind, das auf dem Kattendorfer Hof gehalten wird, liefert den wertvollen Dung für die Felder sowie Fleisch und Milch für die Mitglieder. Aus der Milch stellt die Hofkäserin 28 verschiedene Sorten Käse her. Die Molke, die bei der Käseherstellung übrig bleibt, bekommen die Angler Sattelschweine in den Futtertrog. Diese gefährdete Rasse zu erhalten ist eines der Ziele des Zuchtbetriebs. Die Schweine sind Resteverwerter, sie spielen im geschlossenen Betriebskreislauf, der keinen Überschuss produziert, eine wichtige Rolle.

Das Holz aus der jährlichen Pflege der Knicks – Wälle, die an die landwirtschaftlichen Nutzflächen grenzen und mit heimischen Gehölzen bewachsen sind – liefert den Brennstoff für den hofeigenen Holzvergaser, die Sonne die Energie für die Fotovoltaikanlage. Finanziert wurde sie durch Darlehen von Solawi-Mitgliedern.

An einem Julitag steht Mathias von Mirbach bei 40 Grad Celsius in einem brusthohen Roggenfeld und prüft den Reifegrad der Ähren, um den richtigen Zeitpunkt für die Ernte zu bestimmen. Andere Landwirte halten ihr Getreide kurz, damit es widerstandsfähiger ist gegen Schädlingsbefall und Wetterextreme. Dafür verwenden sie chemische Wachstumsregulatoren oder gentechnisch verändertes Saatgut. Mathias von Mirbach lehnt beides ab. »Die Tatsache, dass wir auf eine sechsjährige Fruchtfolge und zwölf verschiedene Kulturen setzen, macht unser System viel flexibler, um Kalamitäten auszugleichen«, sagt er. Die Liste der Getreide und Leguminosen ist lang: Wintergerste, Dinkel, Winterweizen, Winterroggen, Wintertriticale, Wintererbsen, Hafer, Sommerroggen, Sommerweizen, Futtererbsen, Ackerbohnen und Lupinen. Das erfordert eine fein aufeinander abgestimmte Planung. Auf Starkzehrer folgen Schwachzehrer, um das Bodengleichgewicht zu erhalten.

Von Mirbach sieht sich in einer langen Reihe von Vorgängern: »Rund 200 Generationen vor uns haben das Land bewirtschaftet. Deshalb sehen wir es als unsere Aufgabe an, das Land für kommende Generationen zu erhalten und seine Fruchtbarkeit zu entwickeln, indem wir den Humusgehalt des Bodens erhöhen.« Und blickt nach vorne: Von den nächsten Generationen von Landwirten wünscht er sich, »dass sie diese intensive Verbindung mit dem Lebendigen erleben. Denn Verbrechen gegen das Leben sind schwer zu verzeihen.«

Die Bodenfruchtbarkeit ist das Spezialgebiet von Jungbauer Lukas Fröhlich. Er gehört zur jungen Generation von Landwirten auf dem Hof, ist für das Lagergemüse zuständig. Fröhlich ist einer derjenigen, die von Mirbachs Werk in die Zukunft tragen. Der 33-Jährige sticht mit dem Spaten in den Boden und nimmt ein Stück Erde in die Hand. Es ist von Regenwürmern durchsetzter Humus. Der fördert die Bodenfruchtbarkeit und bindet Kohlendioxid. Die Regenwürmer verbessern die Bodenstruktur, indem sie organisches Material in die Tiefe ziehen. Ihre Gänge belüften die Erde und verbessern ihre Fähigkeit, Wasser zu speichern.

Um die Bodenorganismen so wenig wie möglich zu stören, bearbeiten die Ackerbauern den Boden nur flach. Die Felder liegen niemals brach, die Dauerbepflanzung soll verhindern, dass Nährstoffe ausgewaschen werden. »Jeder Sonnenstrahl, den wir durch Fotosynthese binden können, nährt den Boden und dessen Organismen und hilft unserer Atmosphäre«, sagt Fröhlich. Die Beikräuter werden mithilfe eines solarbetriebenen Jätefliegers von Hand entfernt. Dabei liegen die Gärtner bäuchlings auf einer Liege. Mit einer Jätefaust in der Hand entfernen sie unerwünschtes Kraut, während das Gefährt leise durch die Beetreihen schnurrt. Gegen Schädlinge setzen die Landwirte Schutznetze ein. Mit Raubmilben und Schlupfwespen bekämpfen sie Spinnmilben und Blattläuse. Kohlpflanzen wachsen neben Kornblumen, weil die Nützlinge anlocken.

Bei dieser regenerativen Landwirtschaft entsteht ein beträchtlicher Wert. Das Unternehmen *Regionalwert Leistungen* hat ihn gemessen. Seiner Berechnung zufolge belaufen sich die vom Kattendorfer Hof erbrachten Leistungen für Umweltschutz und Gemeinwohl im Jahr 2023 auf 800 000 Euro. Die Summe habe ihm verdeutlicht, wie viel Wert die Biolandwirte für die Gesellschaft schafften und wie wenig die Arbeit honoriert werde, sagt von Mirbach. Verbittert ist er deswegen nicht. »Wenn man erkannt hat, dass die Dinge, die man tut, richtig und wichtig sind, und wenn man von seinen Mitgliedern so unterstützt wird wie wir, dann kann man frohen Mutes in die Zukunft gehen.«

Aus Publik-Forum kritisch - christlich - unabhängig, Oberursel, Ausgabe3/24

In Uganda werden Obst und Gemüse weitgehend ohne Chemie und Gentechnik angebaut. 2019 hat der Präsident die Agrarökologie zur nationalen Strategie ausgerufen. Von deren Vorteilen überzeugt hat ihn ein anderer Ugander, der internationale Präsident der Slow-Food-Bewegung.

Öko-Landwirtschaft trägt Früchte

Von Sirnone Schlindwein

Der 16-jährige Brandon Wamala streichelt erst mal die Ziegen, als er den Stall betritt. In Gummistiefeln und einer blau-gelb karierten Schuluniform stapft der Junge durch unzählige Kotkügelchen, die auf dem Boden im Stroh liegen. Mit einer Schaufel schippt er sie in einen Eimer, den er dann über dem Kompost hinterm Stall auskippt. „So stellen wir unseren eigenen Dünger her", erklärt er mit leuchtenden Augen: „Für unseren Gemüsegarten."

Wamala winkt, ihm zu folgen. Mit seinen Stiefeln, die ihm viel zu groß sind, schlurft er am Stall vorbei über den Schulhof, vorbei an Klettergerüsten und Basketballkörben um das dreistöckige Schulgebäude herum. Hinter den angebauten Schlafsälen des Internats haben die Schüler einen Gemüsegarten angelegt. „Hier pflanzen wir all das an, was wir essen wollen", sagt Wamala und zeigt auf die sauber geharkten Beete: Tomaten, Karotten und Zwiebeln wachsen dort. „Bei uns ist alles bio", erklärt er stolz.

Die Kibirige-Gesamtschule mit rund 250 Schülern liegt abgelegen zwischen Bananenhainen. jenseits geteerter Straßen, zwischen den Hügeln im Süden Ugandas im Bezirk Mukono, rund 70 Kilometer von Kampala entfernt. In diesem Speckgürtel wächst all das, was in Ugandas Hauptstadt auf den Märkten angeboten wird. Hier gibt es auch zahlreiche Internatsschulen, die in ihren

Gärten all das anbauen, was die Kinder täglich zu essen bekommen.

Wie fast alle Schüler der Kibirige-Schule stammt auch Branden aus einer Bauernfamilie im Nachbardorf. Auch er wolle einmal Landwirt werden, erzählt er. Deswegen wollte er auch unbedingt diese Schule besuchen, denn sie setzt einen Schwerpunkt auf biologische Landwirtschaft. „Hier lerne ich alles, was ich dafür brauche", sagt er. Die Kibirige-Schule ist wie so viele Internate in Mukono Mitglied bei Slow Food, einer weltweiten Graswurzelbewegung, die in den 1980er Jahren in Italien entstand und mittlerweile in 160 Ländern aktiv ist. Ihr Ziel ist es, zu traditionellen, biologischen Anbauweisen zurückzukehren und örtlich angebaute Lebensmittel zu konsumieren, um in Zeiten globaler Krisen die Lebensmittelsicherheit zu garantieren.

Für Uganda ist das wichtig, denn das Land hat eine der höchsten Geburtenraten weltweit. Jährlich wächst die Bevölkerung von derzeit knapp 50 Million Menschen um mehr als eine Million, die alle ernährt werden müssen. Gleichzeitig ist die Jugendarbeitslosigkeit enorm, denn Jobs in der Industrie oder den Büros in der Hauptstadt gibt es nur wenige.

Die Regierung bemüht sich unter der neuen Agrarpolitik, die Präsident Yoweri Museveni 2016 ausgerufen und drei Jahre später zur nationalen Strategie erklärt hat, der Jugend die Landwirtschaft als Berufsbild schmackhaft zu machen. Dies ist eine gewaltige Aufgabe.

Bislang wurde Gartenarbeit in Ugandas Schulen als. Strafe für schlechtes Benehmen eingesetzt: „Wenn wir nicht artig waren, mussten wir auf den Schulacker", erinnert sich Edward Mukiibi. Für ihn hatte es aber etwas Gutes, denn die Idee, den Landwirtschaftssektor umzukrempeln, sei ihm damals im Schulgarten gekommen, sagt er.

Heute zählt der 38-jährige Ugander zu den einflussreichsten Agronomen der Welt. „Ich habe viele Runden Strafarbeit auf dem Schulacker leisten müssen“, fährt er lachend fort, „weil ich immer zu spät kam.“ Bereits als 16-jähriger Sohn einer Bauernfamilie hatte sich Mukiibi vorgenommen, künftig Gartenarbeit nicht mehr als Strafarbeit zu sehen. Er brachte Samen von zu Hause mit und säte auf dem Schulacker neue Gemüsesorten aus. Von da an schmeckte das Schulessen besser, erinnert er sich. Die Lehrer in der Schule waren begeistert von dem Engagement.

Mehr als 20 Jahre später sitzt Mukiibi zum Mittagessen in einem Gartenrestaurant hinter der katholischen Kirche, hoch oben auf einem Hügel Kampalas. Mit seinen Schulprojekten war er in Uganda so erfolgreich, dass er 2022 zum internationalen Präsidenten der Slow-Food-Bewegung gewählt wurde. Sie zählt mittlerweile mehr als 100.000 offizielle Mitglieder und über eine Million Unterstützer und Unterstützerinnen weltweit. Seitdem ist er viel in der Welt unterwegs. „Eigentlich will ich aber lange Flugreisen vermeiden, dem Klima zuliebe“, seufzt er und schmunzelt: „Hier in Uganda schmeckt das Essen auch besser.“

Mukiibi bestellt Matooke, Kochbananen mit Nuss-Soße, eine Spezialität, die schon Kleinkinder vorgesetzt bekommen. Restaurantbesitzerin Betty Nakato kommt persönlich zum Tisch, um Mukiibis Bestellung aufzunehmen. Die ältere Frau ist seit vielen Jahren Mitglied in Ugandas Slow-Food-Verband für Köche und ist von Mukiibis Idee begeistert, die Restaurantbesitzer einzubinden. Mukiibi will mit seiner Initiative erreichen, dass in den Restaurants statt Pizza und Pasta wieder mehr traditionelle Gerichte angeboten werden, bio natürlich.

Nakato geht in die Küche, um Mukiibis Essen zu zubereiten. In dem Holzverschlag im Hinterhof stehen vier große Kessel auf offenen Feuerstellen. Darin stapeln sich handgroße grüne Pakete, aus denen es köstlich duftet: „Wir garen den Fisch ganz traditi-

onell eingewickelt in Bananenblättern", erklärt Nakato: „So hat schon meine Großmutter gekocht." In einem Topf daneben blubbert ölige Nuss-Soße, die in Uganda schon seit Jahrhunderten angerührt und zu fast jeder Mahlzeit serviert wird.

Die nahrhafte Paste war früher vor allem bei Kindern und Jugendlichen beliebt. Doch dies ändert sich, vor allem durch den Einfluss westlicher Fernsehserien. Nur einen Steinwurf vom Gartenrestaurant entfernt, im benachbarten Partyviertel Kabalagala mit den zahlreichen Pizza- und Burgerrestaurants hat die US-amerikanische Fast-Food-Kette *Kentucky Fried Chicken* eine Filiale aufgemacht, wo fünf Chicken Wings umgerechnet fast zehn Euro kosten – ein Vermögen für die Ugander, aber auch ein Status-Symbol. „Die reichen Leute gehen mit ihren Kindern dorthin, weil sie dem westlichen Lebensstil nacheifern", sagt Mukiibi. „Dabei haben sie keine Ahnung, was sie da eigentlich zu sich nehmen". Mittlerweile sind auch in Uganda Diabetes und

Übergewicht auf dem Vormarsch, vor allem bei den Kindern der Oberschicht, die lieber Pasta statt Matooke essen. Mukiibis Slow-Food-Bewegung will das mit seinen Schulgartenprojekten nun wieder ändern, sagt er und zeigt gen Osten in Richtung Mukono. In den Dörfern ist der Wandel schon im vollen Gange."

Uganda ist eines der wenigen Länder Afrikas, das in seiner landwirtschaftlichen Ausrichtung eine radikale Wende hingelegt hat. Bis vor wenigen Jahren setzte die Regierung noch – wie so viele andere Länder Afrikas – auf den Ausbau der industrialisierten Landwirtschaft. Ausländische Investoren wurden eingeladen, Soja-, Reis- oder Maisplantagen anzulegen: Monokulturen unter Einsatz von Chemikalien und Pestiziden. 2015 hat der US-Agrarkonzern Monsanto, der 2018 von der deutschen Bayer AG gekauft wurde, in Karnpala eine Niederlassung eröffnet und kostenlos Hybridsamen an Bauern verteilt sowie im Radio Werbung für das Pflanzengift Glyphosat geschaltet: Ugandas Präsident Yoweri Museveni, selbst leidenschaftlicher Farmer mit der größten Rinderherde Ostafrikas, zeigte sich begeistert und pries stolz die ugandischen Biochemiker. Diese züchteten in neuen, staatlichen Laboren gentechnisch manipulierte Bananensorten und versuchten, die heimischen Langhorn-Kühe mit europäischen Kühen zu kreuzen, um die Milcherträge zu steigern.

Im gleichen Jahr 2015 eröffnete Mukiibi im Bezirk Mukono das Landesbüro der weltweiten Slow Food-Bewegung, deren Mitglied er seit seiner Studentenzeit ist. Erklärtes Ziel war damals, „Ein Gesetz zu verhindern, das den Anbau von gentechnisch manipulierten Nutzpflanzen zulassen sollte." Ähnliche Gesetze wurden zu jener Zeit in den Nachbarländern Kenia und Ruanda durch die Parlamente gepeitscht, um die Lebensmittelsicherheit zu garantieren. Das war zumindest die Argumentation der Lobbyisten. Auch in Uganda wurde das sogenannte GMO-Gesetz im

Jahr 2016 vom Parlament verabschiedet, es fehlte nur noch die Unterschrift des Präsidenten.

Mukiibi startete zur selben Zeit mit Slow Food eine Aufklärungskampagne, um über Risiken dieser Agrarpolitik zu informieren und Alternativen aufzuzeigen. Der damals 76-jährige Präsident Museveni wurde hellhörig und lud Mukiibi auf seine Farm ein: „Er hat zugehört", erinnert sich Mukiibi an das Treffen im Jahr 2016: „Ich erklärte ihm, dass Ugandas Langhorn-Kühe aussterben, falls die Regierung diesen Weg geht." Das hat offenbar gewirkt. Museveni weigerte sich Anfang 2017 das Gesetz zu unterzeichnen – damit war es vorerst vom Tisch. Später wurde es noch einmal in geänderter Form vom Parlament beschlossen, doch Museveni verweigerte 2021 auch dessen Inkrafttreten. Monsanto schloss daraufhin sein Büro in Kampala.

Fortan rief Museveni eine Agrarökologie-Strategie aus, mit der er Kleinbauern dabei unterstützen wollte, heimische Lebensmittel ohne Chemie und Gentechnik anzubauen. Diese Strategie wurde

2019 als Leitlinie in das Regierungsprogramm aufgenommen. „Ugandas Landwirtschaft ist standardmäßig weitgehend biologisch", heißt es darin. Und: „Der Einsatz chemischer Düngemittel gehört zu den niedrigsten der Welt." Seitdem fördert das Landwirtschaftsministerium die Nutzung vor natürlichem Dünger wie Kompost und Fäkalien. Zahlreiche Firmen haben eine Marktlücke entdeckt:

Sie pumpen mit Lastwagen die vollen Gülletanks in Schulen und Slums leer, stellen daraus Dünger her, den sie dann als geruchlose Pellets an die Farmer verkaufen. Im Vergleich zu chemischen Düngern, die meist aus Russland stammten und aufgrund des Ukraine-Krieges jüngst extrem teuer wurden, ist dies nun eine günstige Alternative.

In Uganda mit seinen fruchtbaren Böden und dem milden Tropenklima entlang des Äquators zeigt sich jetzt im Vergleich zu anderen afrikanischen Ländern, was dieser Ansatz ausmachen kann. Das ostafrikanische Land galt schon immer als der Gemüsegarten Afrikas. Der Landwirtschaftssektor erwirtschaftet rund ein Viertel des Bruttosozialproduktes und beschäftigt zwei Drittel der arbeitsfähigen Bevölkerung, meist als Kleinbauern, die aber Überschuss produzieren, der exportiert werden kann. UN-Hilfsagenturen wie das Welternährungsprogramm (WFP) kaufen hier die Lebensmittel ein, mit denen sie die Geflüchteten in den Lagern der umliegenden Krisengebiete im Sudan, Somalia, Südsudan oder der Demokratischen Republik Kongo ernähren.

Die extremen Dürren der vergangenen Jahre gepaart mit starken Regenfällen zu Beginn dieses Jahres haben viele Ernten vernichtet, auch in Uganda, und die Zahl der Hungerleidenden in Ostafrika enorm steigen lassen: Mehr als 23 Millionen Menschen haben laut WFP in dieser Region nicht genügend zu essen. Hilfswerke warnten im vergangenen Jahr vor einer Hungerkatastrophe, als die Weizenpreise auf dem Weltmarkt aufgrund des Ukraine-

Krieges in die Höhe schnellten und die Regenzeit in Ostafrika erneut ausfiel. „Esst Kassava statt Brot", hatte Museveni den 42 Millionen Ugandern geraten. Mit Erfolg: Uganda blieb vom Hunger verschont. Die Erträge wachsen stattdessen jährlich stabil um fünf Prozent. Ugandas Landwirtschaftsminister hat beim internationalen UN-Gipfel der Entwicklungsländer (NAM) im Januar seine Agrarpolitik vorgestellt: „Wir sind stolz darauf, weltweit nach Indien das größte Exportland für Bioprodukte zu sein", betonte er dort.

Zu verdanken ist dies in erster Linie Kleinbauern und -bäuerinnen wie Noel Nanyunja, einer der Gründerinnen von Slow Food

in Uganda. Sie schult Farmer in biologischer Landwirtschaft, vor allem im Ansetzen von Kompost. Der Erfolg ist in ihrem Gemüsegarten auf den ersten Blick sichtbar. Es wirkt, als hätte es keine Dürre gegeben: Die Bananen sind knallgrün, die Paprika leuchten feuerrot und der Kürbisstrauch trägt gelbe Blüten. Die Bäuerin mit dem violett gefärbten Kurzhaar steht barfuß zwischen Rosmarin und Frühlingszwiebeln und harkt Unkraut. Schweiß rinnt ihr über die Stirn. Die Sonne brennt, doch ihr Ackerboden ist nicht trocken, Regenwürmer ringeln sich darin, er riecht nach Torf

Nanyunja zeigt nach oben auf den Avocadobaum, die Kaffeesträucher und die Bananenstauden, die dazwischen emporwachsen und Schatten spenden, wodurch auch in Trockenzeiten die Feuchtigkeit erhalten bleibt. „Unsere traditionelle, dreidimensionale Anbauweise hat uns vor Hunger bewahrt", sagt sie und zeigt auf die Bohnenranken und Jamspflanzen, die sich an den Stauden emporschlängeln. „So haben schon meine Urgroßeltern Gemüse und Obst angebaut."

Die 60-Jährige ist Vorsitzende der Slow-Food-Frauengruppe in Uganda. Darin organisieren sich die Bäuerinnen, um traditionelles Wissen weiterzugeben. „Wir tauschen auch Samen", erzählt sie pflückt eine grau-braune Jamsfrucht. „Diese extrem trockenresistente Sorte war fast ausgestorben. Jetzt pflanzen wir sie wieder an." Das Geheimnis ihres Erfolges sei jedoch die Kacke, schmunzelt sie und winkt, ihr zu folgen. Hinter einem Holzverschlag, in dem Ziegen und Hühner übernachten, häuft sich Kompost. „Unsere Hausabfälle, der Ziegen- und Hühnermist sowie die Asche von unserem Holzkohleofen machen die richtige Mischung", erklärt sie. „Als Dünger darf dies in keinem Biogarten fehlen."

Nanyunjas Acker dient für Slow Food als Modellgarten. Hier trainiert die Bäuerin Lehrerinnen und Lehrer aus den umliegenden Schulen, die Schulgärten umkrempeln wollen, ganz nach Mukiibis ursprünglicher Idee. Er hat sich zum Ziel seiner Slow-Food-

Präsidentschaft gesetzt, mehr als 10.000 Schulgärten in Afrika zu reformieren.

Der Kibirige-Schulgarten war vor sieben Jahren einer der ersten, den Edward Mukiibi noch eigenhändig mit umgegraben hat. Heute ist der 16-jährige Brandon dafür zuständig. Slow-Food-Präsident Mukiibi ist für die Jungen ein großes Vorbild, denn sie erleben hier im Kleinen, was Mukiibi im großem Stil versucht: eine Revolution, die sie selbst voranbringen können. „Meine Eltern haben immer Chemie gesprüht", berichtet Brandon, während er den Kompost mit dem Ziegenmist auf den Beeten verteilt; „Doch hier habe ich gelernt, wie wir biologischen Dünger herstellen", sagt er. Jetzt sind auch meine Eltern vom Bioansatz überzeugt."

Simone Schlindwein ist Journalistin und Afrika-Korrespondentin der „taz"'in Berlin. Sie berichtet seit zwölf Jahren aus der Region der Großen Seen.
Aus welt-sichten 4/2024 Weitere Infos siehe S. 226

Im April 2021 verfügte der damalige Präsident Gotabaya Rajapaksa, dass Sri Lanka zum Biostaat werden sollte. Ein halbes Jahr später explodierten die Lebensmittelpreise und es kam zu Unruhen. Trotzdem würden viele Kleinbauern gerne auf Bioanbau umstellen.

Biowende gewünscht, aber vorerst gescheitert

Von Katharina Nickoleit

Jahrelang hatte Thilak Kariyawasam dafür gekämpft, dass es in Sri Lanka mehr Bioanbau gibt. Als es dann aber ganz plötzlich so weit war, war er vor allem erschrocken. „Das Erste, was ich dachte, war: Das gibt Probleme", erinnert sich der Präsident der ***Bewegung für organischen Landbau*** in Sri Lanka, kurz **LOAM**. Genau wie die Bauern hatte auch er im April 2021 aus der Zeitung erfahren, dass er ab sofort in einem Biostaat, also einem Land, in dem nur noch biologisch angebaut wird, lebt. „Es ist ja völlig richtig, dass die Landwirtschaft grundlegend verändert werden muss. Aber das geht nicht über Nacht. So, wie das angegangen wurde, konnte es nicht funktionieren."

Sri Lanka ist mit seinen rund 23 Millionen Einwohnern etwa so groß wie Bayern. Eine tropische Insel mit viel Regen und

Sonne, größtenteils bedeckt von sattem Grün. Eigentlich bietet das Land ideale Anbaubedingungen. Doch als die Bevölkerung in den 1960er Jahren enorm wuchs, glaubte die damalige Regierung den Versprechen der Grünen Revolution: Mehr Erträge dank Kunstdünger und Pestiziden, dadurch weniger Hunger und mehr Wohlstand für alle. Das Land verschrieb sich der konventionellen Landwirtschaft und subventionierte den Import von Düngemitteln und Pestiziden. „Die Leute stellten auf konventionellen Anbau um, weil sie dachten, sie würden das umsonst bekommen. Und die Weltbank und andere Institutionen gaben dafür Kredite", erklärt Kariyawasam. Die Rechnung ging nicht auf, zumindest nicht für Sri Lanka. Das Land geriet in die Schuldenfalle. Nicht nur, aber auch wegen der Importe von Agrarchemie. Als dann während der Pandemie mit ihren Lockdowns auch noch der Tourismus als wichtiger Devisenbringer ausfiel, konnte sich Sri Lanka den Import von Kunstdünger und Pestiziden für 350 Millionen US-Dollar pro Pflanzsaison schlicht nicht mehr leisten.

Ohne Kunstdünger brachen die Ernteerträge dramatisch ein. Einfach aussteigen geht aber offensichtlich auch nicht. Ohne den Kunstdünger brachen die Erträge in den folgenden Monaten auf Sri Lankas Feldern dramatisch ein, bei manchen Früchten war die Rede von 40 bis 60 Prozent. „Synthetischer Dünger macht das Land nicht produktiver, sondern die Bauern müssen ständig mehr davon verwenden, wenn sie weiter produzieren wollen", sagt Kariyawasam. Lebensmittel wurden unerschwinglich, es gab Unruhen und noch bevor Gotabaya Rajapaksa unter dem Druck der Straße zurücktrat, erlaubte der Präsident die Einfuhr der Agrarchemie wieder. Seither gilt Sri Lanka bei Vertretern der Agrarindustrie als Paradebeispiel dafür, dass es unmöglich sei, ein Land auf Bioanbau umzustellen.

Die Einfuhr von Agrarchemie nach Sri Lanka ist zwar wieder erlaubt, wird aber kaum noch subventioniert. Deshalb sind die Mittel für die Kleinbäuerin Anushi Ranika unerschwinglich. „Ich muss zwei Mal im Monat spritzen.

Das kostet mich jeweils fünf bis sechstausend Rupien", rechnet die 34-Jährige vor. Umgerechnet sind das 33 Euro im Monat, das spricht ziemlich genau dem Mindestlohn. Für die Mutter von Kindern, die mit ihrem Gemüsegarten auch noch Mann und Schwiegereltern ernähren muss, ist das viel zu teuer.

Egal, mit wem man spricht, jeder träumt davon, wenigstens einen kleinen Küchengarten anzulegen, um sich selber mit gesundem Gemüse versorgen zu können.

Der enorme Pestizideinsatz in den vergangenen Jahren richtet inzwischen nicht mehr zu ignorierende Gesundheitsschäden an. Nierenversagen ist in Sri Lanka zwischen eine anerkannte Volkskrankheit. Nahrungsmittel sind so teuer geworden, dass sich viele Menschen nur noch zwei Mahlzeiten pro Tag leisten können. Anushi Ranika würde jedenfalls allein der Kosten wegen gerne umstellen, wenn sie wüsste, wie.

Thilak Kariyawasam legt ein Faltblatt von CropLife vor, dem Lobbyverband der Produzenten von Dünge- und Pflanzenschutzmitteln, in dem unter anderen Bayer, Syngenta und BASF Mitglieder sind. Es wirbt für Schulungen, in denen es um die Anwendung von Agrarchemie geht. Seit Jahrzehnten sei die gesamte landwirtschaftliche Ausbildung maßgeblich durch die Agrarindustrie bestimmt worden. „Das fängt schon in den Schulbüchern an. Die Bauern lernen ihr ganzes Leben lang nur, wie man konventionell produziert. Dass es auch anders geht, kommt einfach nicht vor."

Ohne dieses Wissen ist die Umstellung unmöglich, sein Fehlen war Hauptgrund für das Scheitern der Biowende. Mit der Unterstützung des katholischen Hilfswerks Miseor hat LOAM deshalb vor den Toren der Hauptstadt Colombo ein eigenes Schulungszentrum eingerichtet, in dem kostengünstige Methoden gelehrt werden, mit denen Kleinbauern selber Biomittel, also vor allem organische Dünger, herstellen können.

Kleinstbauern lernen, wie ein Agroforstsystem funktioniert

Im Schatten des Vordaches eines einfachen Ziegelhauses hören 15 Frauen und drei Männer gespannt, als ein Trainer erklärt, wie sich einem Agroforstsystem die verschiedenen Pflanzen ergänzen; indem sie einander Schatten und Dünger spenden. Es sind Kleinstbauern, manche versorgen mit ihren Küchengärten nur ihre Familie, andere produzieren genug, um auch etwas zu verkaufen. Eine von ihnen ist Anushi Ranika.

Wie kompliziert erscheint ihr die Umstellung? „Es ist schwierig, denn es braucht Zeit. Besonders der Kompost, der braucht drei Monate, bis er so weit ist. Kunstdünger kann ich einfach auf dem Markt kaufen: Sie wiederholt damit ein weit verbreitetes Vorurteil. Ajantha Palihawadana, der für das frisch gegründete Bio-Trainingscenter verantwortlich ist, widerspricht. „Das wird zwar so verbreitet, aber es stimmt einfach nicht. Wenn man weiß, wie es geht, kann man in zwei Wochen flüssigen organischen Dünger herstellen. Das ist genau das Wissen, das wir hier vermitteln wollen."

Er deutet auf die Trainerin, die inzwischen zum praktischen Teil des Kurses übergegangen ist und zeigt, wie man eine Regenwurmwaschanlage baut: Dazu füllt man einen aufgeschnittenen großen Wasserkanister mit Steinen und Erde. Darin werden die Regenwürmer gezogen. Am unteren Ende ist ein Ablauf, über den man Flüssigkeit ablassen kann. „Man gießt von oben Wasser herein und wäscht damit das Sekret, das die Würmer produzieren, von ihnen ab. Es enthält alle möglichen Mikronährstoffe. Wenn man dieses Wasser auffängt und verdünnt, erhält man den besten Biodünger, den es gibt“, versichert Palihawadana.

„Die Biowende braucht eine Übergangsphase von etwa zehn Jahren, so lange dauert es, die Bauern weiterzubilden und die neuen Methoden zu etablieren“, sagt Thilak Kariyawasam, der Präsident von LOAM. Dabei müssen auch die anderen Mitspieler des Agrarsektors mitgenommen werden. „Die kleinen Geschäftsleute, die heute davon leben, dass sie importierten Kunstdünger verkaufen, brauchen eine Alternative, um ein Einkommen zu erwirtschaften. Etwa, indem sie organische Mittel vertreiben.“ Tatsächlich gibt es die ersten Firmen, die konzentrierte Lösungen mit Mikroorganismen anbieten. Als die importierte Chemie verboten und dann kaum subventioniert wurde, wurden sie mit ihrer örtlichen Produktion auf einmal konkurrenzfähig,

Doch ob das so bleibt, ist fraglich. Denn ungeachtet des wachsenden Interesses am Bioanbau empfiehlt Sri Lankas Regierung nach der gescheiterten Biowende wieder die Nutzung von Agrarchemie. So bleibt es kleinen Bewegungen wie LOAM und ihren Spendern überlassen, den Bauern zu helfen, ihre Landwirtschaft umzustellen und das Land aus der Abhängigkeit zu befreien.

Katharina Nickoleit ist freie Journalistin. Sie berichtet seit vielen Jahren aus dem globalen Süden für den Hörfunk sowie gemeinsam mit ihrem Mann Christian Nusch für die ARD und mehrere Hilfsorganisationen.
Aus welt-sichten 4/2024 Weitere Infos siehe S. 226

Grundwasser zählt zu den wertvollsten Ressourcen unseres Planeten, doch viele Vorkommen schrumpfen. Wie aktuelle Forschungsergebnisse zeigen, könnte man das lebenswichtige Nass aus dem Untergrund aber durchaus retten.

Ohne Wasser kein Leben

Beinahe der gesamte irdische Vorrat an flüssigem Süßwasser befindet sich unter unseren Füßen. In bis zu zwei Kilometern Tiefe können diese Grundwasservorkommen, auch Aquifere genannt, liegen. Sie sind die wichtigste Wasserquelle für Milliarden von Menschen weltweit, befinden sich aber in schlechtem Zustand: Überall sinken die Grundwasserspiegel, Forschende stufen bis zu einem Fünftel der weltweiten Grundwasserbrunnen als vom Austrocknen bedroht ein. Neben Wassermangel und Konflikten um die sich verknappende Ressource löst das oft noch weitere Probleme aus, wie etwa absinkendes Erdreich und versalzende Böden.

Hoffnung fürs Grundwasser?

Im Januar veröffentlichte ein internationales Forschungsteam im Fachmagazin „Nature“ eine Studie, die das deutliche Absinken der weltweiten Grundwasserspiegel innerhalb der letzten 40 Jahre bestätigt und feststellt, dass dies im gegenwärtigen Jahrhundert sogar noch schneller geschieht als je zuvor.

Die großangelegte Analyse von etwa 1700 Grundwassersystemen in mehr als 40 Ländern aller Kontinente zeigte jedoch auch, dass es Ausnahmen gibt: Einige der untersuchten Vorkommen haben sich ungeachtet des allgemeinen Negativtrends erholt – durch nachhaltiges Management und gezielte Maßnahmen.

Wie hat man das geschafft? „In einigen wenigen Gebieten ist man tatsächlich dazu übergegangen, Wasser aktiv in den Boden zurückzupumpen, wie zum Bespiel im Falle des Genfer Grundwasserleiters: In Zeiten des Wasserüberflusses wird Oberflächenwasser aus dem Fluss Arve in das Grundwasser gepumpt, um es dann in der ‚Dürrezeit' wieder zu entnehmen", berichtet Dr. Hansjörg Seybold von der Abteilung Umweltsystemwissenschaften der ETH Zürich, einer der Mitautoren der Studie. Tatsächlich habe sich der Pegel durch die künstliche Zufuhr stabilisiert und sogar wieder leicht gehoben. Auch im Iran und den USA ergreift man Maßnahmen des Auffüllens von Aquiferen aus Oberflächengewässern. „Ein solches Vorgehen erfordert jedoch ein Wasserreservoir, das man anzapfen kann und ist kostspielig."

Wissen ist entscheidend

Doch es scheint auch andere Optionen zu geben: Der Grundwasserspiegel im thailändischen Bangkok erholte sich beispielsweise wieder, nachdem eine Regulierung der Grundwasserentnahme durch Gebühren und Lizenzen eingeführt worden war. „Das Wichtigste ist erst einmal, unnötigen Verbrauch zu reduzieren", bestätigt Hansjörg Seybold.

Wie sich Wassermanagement gerade in trockenen Regionen von Schwellenländern mit steigendem Verbrauch auf nachhaltige und gerechte Weise umsetzen lässt, haben Forschende der Universität Stuttgart im Hochland Perus untersucht, in Kooperation mit weiteren Instituten und Akteuren vor Ort. Zu den wichtigsten Säulen für ein gutes Management von Wasserressourcen zählen Wissen und Bildung, wie aus dem Abschlussbericht des Projekts „TRUST" hervorgeht. Es brauche eine solide Datenbasis zu den vorhandenen Wasserreserven durch ein klug positioniertes Netz an Messstationen sowie Bildungskampagnen, damit alle Betroffenen vor Ort verstehen, wie wichtig und schützenswert die Ressource sei. Das wissenschaftliche Team erarbeitete gemeinsam mit lokalen Akteuren auch ein Konzept zur Abwasseraufbereitung. Gereinigtes Abwasser kann in Industrie und Landwirtschaft

Grundwasser ersetzen und so helfen, wertvolle Trinkwasserressourcen zu schützen. Fachleute aus aller Welt raten dringend zu einer konsequenteren Abwasseraufbereitung und -nutzung, um dem steigenden Wasserverbrauch einer wachsenden Weltbevölkerung zu begegnen.

Wasser aus längst vergangener Zeit

Wie nachhaltig die Nutzung von Grundwasser langfristig ist, hängt vom Umgang mit der Ressource und dem lokalen Klima ab. „Um einen Grundwasserleiter stabil zu halten, darf nicht über einen längeren Zeitraum mehr Wasser entnommen werden als im Boden versickert", erklärt Hansjörg Seybold. „Wenn genügend Niederschlag fällt, füllen sich die Grundwasserspeicher in gemäßigten und tropischen Zonen dann von selbst wieder auf. In den meisten Wüstengebieten wird hingegen auch der Niederschlag der nächsten tausend Jahre dafür nicht ausreichen."

Solches sogenannte fossile Grundwasser stammt teilweise aus der letzten Eiszeit – oder ist sogar noch deutlich älter. Wie der nubische Aquifer unter der östlichen Sahara, der auf ein Alter von

einer Million Jahren datiert wird. Fossile Grundwasserreserven sind somit endliche Ressourcen, die gerade deshalb sehr viel vorsichtiger genutzt werden müssten. „In vielen Regionen Ägyptens oder der Sahelzone könnten Menschen ohne dieses Wasser nicht leben", so Seybold. „Die größte Bedrohung ist aber oft nicht die Trinkwasserentnahme, sondern Industrie oder intensive Landwirtschaft."

Globale Herausforderung

Ob fossiles oder junges, sich erneuerndes Grundwasser: Weltweit werden durch die Agrarindustrie im großen Stil und unter hohen Investitionen tiefe Brunnen gebohrt, die viel zu viel Wasser fördern. Für die ärmere Bevölkerung und die kleinbäuerliche Landwirtschaft mit ihren flacheren Brunnen werden die sinkenden Grundwasserspiegel dann häufig unerreichbar.

So erfolgt die Erzeugung großer Mengen von Produkten, wie etwa Reis in Pakistan oder Weizen in Ägypten, weder sozial noch nachhaltig. Viele dieser Güter werden international gehandelt und Produkte, die unter übermäßiger Grundwassernutzung erzeugt wurden, landen so auch auf dem europäischen Markt. Grundwasser als Lebensgrundlage für folgende Generationen zu bewahren, hat also auch mit einem verantwortungsvolleren Welthandel zu tun. Generell wäre mehr länderübergreifende Zusammenarbeit sinnvoll, denn Grundwasseraquifere enden nicht unbedingt an Staatsgrenzen. Laut des aktuellen Weltwasserberichts der UNESCO zum Weltwassertag im März sind bisher nur sechs der weltweit 468 grenzüberschreitenden Grundwasserleiter Gegenstand formeller Kooperationsabkommen.

Auf lange Sicht denken

Nach Schätzungen der Vereinten Nationen leben etwa vier Milliarden Menschen in Regionen, die in mindestens einem Monat pro Jahr von großer Wasserknappheit betroffen sind. Grundwasser kann auch in Zukunft eine zuverlässige Wasserquelle darstellen, gerade weil der Klimawandel vielen Regionen saisonal sowohl extreme Trockenheit als auch heftige Niederschläge bringt. Geht es um einen vernünftigen Umgang mit globalen Grundwasserressourcen, braucht es aus Sicht von Hansjörg Seybold aber zunächst ein Umdenken: „Das größte Hindernis ist im Moment die Politik und der Unwillen vieler Menschen, sich umzustellen."

Dabei gilt es eigentlich, keine Zeit zu verlieren: Grundwasservorkommen erholen sich, wenn überhaupt, meist nur langsam. Viele Jahre oder sogar ein ganzes Menschenleben kann das dauern. Gleichzeitig werden durch dieses generell „langsame Gedächtnis" unterirdischer Wasservorkommen, vermutlich gerade in trockenen Gebieten, erst die nächsten Generationen die vollen Auswirkungen des fortschreitenden Klimawandels und des seit Jahrzehnten maßlosen Umgangs des Menschen mit der wertvollen Ressource Wasser zu spüren bekommen.

Nicole Lamers
Aus *missio magazin* 3/24, Weitere infos unter: www.missiomagazin.de

Deutschland (Gebühren in Euro, Stand Juli 2024)

Größe und Gewicht	Brief Inland	Brief Ausland	Büchersendung	Warensendung
Standardbrief bis 20 g minimal 140 x 90 mm maximal 235 x 125 x 5 mm Länge mind. 1,41 x Breite	0,85	1,10	-	-
Kompaktbrief bis 50 g minimal 100 x 70 mm maximal 235 x 125 x 10 mm Länge mind. 1,41 x Breite	1,00	1,70	-	-
Großbrief bis 500 g minimal 100 x 70 mm maximal 353 x 250 x 20 mm	1,60	3,70	2,25	2,25
Maxibrief bis 1000 g minimal 100 x 70 mm maximal 353 x 250 x 50 mm	2,75	7,00	2,55	2,55
Maxibrief Plus bis 2000 g Format maximal wie Päckchen	4,95	17,00	-	-
Postkarte minimal 140 x 90 mm maximal 235 x 125 mm Länge mind. 1,41 x Breite	0,70	0,95	-	-
Päckchen S bis 1000 g bis 350 x 250 x 100 mm **Päckchen M** bis 2000 g Länge + Breite + Höhe ≤ 900 mm keine Seite länger als 600 mm	3,99 4,79	EU: 11,99 weltweit 19,99	-	-
Zuschläge				
Übergabe-Einschreiben	2,65	3,50	Alle Angaben ohne Gewähr Weitere Informationen am Schalter oder unter www.deutschepost.de	
Einwurf-Einschreiben	2,35	–		

Österreich (Gebühren in Euro, Stand Juli 2024)

Sendungsart	Inland		Europa	
	Priority	Economy	Priority	Economy
Brief S (bis 235 x 162 x 5 mm, 20 g)	1,20	0,95	1,40	-
Brief M (bis 235 x 162 x 5 mm, 75 g)	1,65	1,30	2,30	1,90
Päckchen S (bis 353 x 250 x 30 mm, 2 kg)	3,30	3,00		
Päckchen M (bis 100 x 60 x 60 cm, bis 4 kg)	4,75	4,50		
Brief L (bis 353 x 250 x 30 mm, 2 kg)			8,20	6,50
Brief XL (bis 100 x 60 x 60 cm, bis 4 kg)			12,90	9,90

	Außereuropäische Länder	
	Priority	Economy
Brief S (bis 235 x 162 x 5 mm, 20 g)	2,10	-
Brief M (bis 235 x 162 x 5 mm, 75 g)	2,90	2,70
Brief L (bis 353 x 250 x 30 mm, 2 kg)	15,00	11,00
Brief XL (L + B + H max. 90 cm, 2 kg, L max 50 cm)	24,20	21,80

Alle Angaben ohne Gewähr
Weitere Informationen
unter www.post.at.

Schweiz (Gebühren in sFr, Stand Juli 2024)

Für den Preis entscheidend ist vor allem die gewünschte Beförderungsgeschwindigkeit: A-Post-Sendungen werden in der Regel am folgenden Werktag zugestellt, auch am Samstag. B-Post ist nach zwei bis drei Tagen beim Empfänger, nicht jedoch am Samstag. Weitere Informationen am Schalter oder unter www.post.ch

Sendungsart			Inland A-Post	Inland B-Post
Brief (bis B5 x **20 mm**)	bis	100 g	1,20	1,00
(bis B5 x **50 mm**)	bis	100 g	3,20	3,00
Midibrief (bis B5 x **20 mm**)	bis	500 g	1,70	1,40
(bis B5 x **50 mm**)	bis	500 g	3,70	3,40
Großbrief (bis B4 x 20 mm)	bis	1000 g	2,50	2,00

Sendungsart			Europa	Übrige Länder
Brief				
maximal	bis	20 g	1,90	2,50
25 x 17,6	bis	50 g	3,10	4,20
	bis	100 g	4,30	6,00
Großbrief				
	bis	250 g	7,50	9,50
maximal	bis	500 g	12,00	16,00
35,3 x 25	bis	1000 g	19,00	28,00
x 2 cm	bis	2000 g	26,00	35,00

Alle Angaben ohne Gewähr

Adresse Telefon

CD

Adresse	Telefon

Adresse	Telefon

GH

Adresse	Telefon

Adresse	Telefon

KL

Adresse	Telefon

MN

Adresse	Telefon

OP

Adresse	Telefon

Adresse	Telefon

S

Adresse Telefon

Adresse Telefon

VW

Adresse	Telefon

XYZ

Adresse	Telefon

Notizen

Notizen

Notizen

Notizen

Notizen

Notizen

Notizen

Notizen

Notizen

Notizen

Notizen

Zeit	Montag	Dienstag	Mittwoch	Donnerstag	Freitag	Samstag	[illegible]

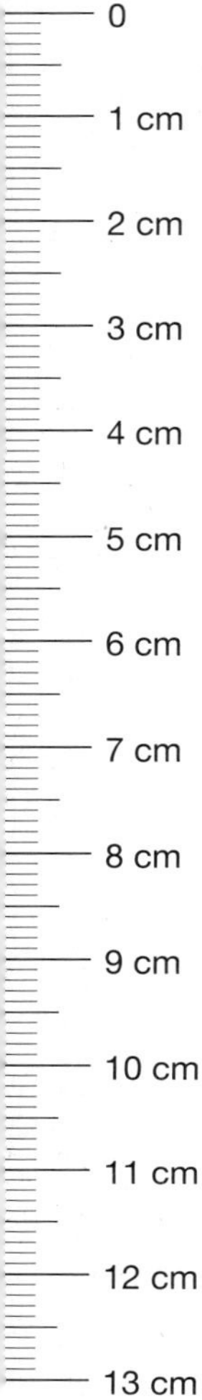
0
1 cm
2 cm
3 cm
4 cm
5 cm
6 cm
7 cm
8 cm
9 cm
10 cm
11 cm
12 cm
13 cm